Sammlung Außerdeutscher Strafgesetzbücher
in deutscher Übersetzung

Herausgegeben von
Professor Dr. Hans-Heinrich Jescheck,
Direktor des Instituts für ausländisches und internationales Strafrecht
an der Universität Freiburg i. Br.
und Professor Dr. Gerhard Kielwein, Saarbrücken

LXXVI.

Das Niederländische Strafgesetzbuch

vom 3. März 1881

(Het Wetboek van Strafrecht)

Berlin 1959

Walter de Gruyter & Co.

vormals G. J. Göschen'sche Verlagshandlung · J. Guttentag, Verlagsbuchhandlung · Georg Reimer · Karl J. Trübner · Veit & Comp.

Das Niederländische Strafgesetzbuch

vom 3. März 1881

In deutscher Übersetzung und mit einer Einleitung von

Dr. Klaus Toebelmann

Gedruckt mit Unterstützung der Gesellschaft für Rechtsvergleichung

B e r l i n 1 9 5 9

Walter de Gruyter & Co.

vormals G. J. Göschen'sche Verlagshandlung · J. Guttentag, Verlagsbuchhandlung · Georg Reimer · Karl J. Trübner · Veit & Comp.

Archiv-Nr. 246359/76
Satz: Walter de Gruyter & Co., Berlin W 35
Druck: Thormann & Goetsch, Berlin-Neukölln

Inhaltsverzeichnis

Einleitung

Die Geschichte des Strafrechts in den Niederlanden läuft bis in die Neuzeit der Entwicklung in Deutschland parallel. Auch dort war der Rechtszustand im späteren Mittelalter dadurch gekennzeichnet, daß örtliches geschriebenes und ungeschriebenes Recht, römisches und kanonisches Recht nebeneinander angewendet wurden. Erwähnung verdient aus dieser Zeit Jan Matthijsen's Rechtsboek van den Briel aus der Zeit um 1405, das etwa mit dem Schwabenspiegel und dem Sachsenspiegel verglichen wird.

Die Carolina vermochte dieser Rechtszersplitterung kein Ende zu setzen. Zwar hat sie unzweifelhaft tatsächlichen Einfluß auf die Rechtspflege ausgeübt; sie ist jedoch — wohl wegen ihres Vorbehalts zugunsten des Landesrechts — offenbar nicht geltendes Recht geworden.

Eine eigentlich eigenständige Entwicklung des niederländischen Strafrechts — abgesehen von den Verbesserungen des Gefängniswesens — setzte erst mit der Revolution von 1795 und der Errichtung der Batavischen Republik ein. Die Bestrebungen, die bestehende Rechtsunsicherheit und Rechtsungleichheit zu beseitigen, führten zur Einsetzung von nacheinander drei Kommissionen zur Vorbereitung einer Strafgesetzgebung. Der Entwurf der dritten dieser Kommissionen wurde im Jahre 1809 Gesetz. Dieses Kriminalgesetzbuch für das (seit 1806) Königreich Holland (Crimineel Wetboek voor het Koningrijk Holland) blieb jedoch nur etwa zwei Jahre in Geltung. Einige Monate nach der Einverleibung der Niederlande in das französische Kaiserreich wurde Anfang 1811 der Code Pénal eingeführt.

Nach dem Ende der französischen Herrschaft im Jahre 1813 wurde die Geltung des Code Pénal „vorläufig“ aufrechterhalten. Jedoch wurde gleichzeitig die allgemeine Konfiskation verboten und die Zwangsarbeit weitgehend abgeschafft. Im Jahre 1854 wurden dann die Leibesstrafen und im Jahre 1870 die Todesstrafe für das allgemeine Strafrecht abgeschafft. Im Militärstrafrecht blieb die Todesstrafe für bestimmte Verbrechen in Kriegszeit bestehen.

Die zahlreichen Versuche, die vorläufige Weitergeltung des Code Pénal durch die Einführung eines nationalen Strafgesetzbuches zu beendigen, waren lange Zeit vergeblich. Nach einer Reihe vorhergehender Entwürfe wurde erst der Entwurf von 1875, der nach fünfjähriger Kommissionsarbeit vorgelegt worden war, nach verschiedenen Änderungen im Laufe der weiteren Beratungen im Jahre 1881 Gesetz. Das „Wetboek van Strafrecht“ trat am 1. September 1886 in Kraft. (Eine deutsche Übersetzung von Dochow und Teichmann erschien 1881 als Beilage zu Band 1 der Zeitschrift f. d. ges. Strafrechtswissenschaft).

Seit dieser Zeit ist das niederländische Strafgesetz mehrfach und zum Teil erheblich geändert worden. Insbesondere wurden die Bestimmungen über Strafen und Maßregeln eingreifend geändert und erweitert. Von den zahlreichen Änderungsgesetzen seien erwähnt

das Gesetz vom 12. 2. 1901 über die Behandlung Jugendlicher (Art. 38—39 *novies*), das Gesetz vom 12. 6. 1915 über die Strafaussetzung zur Bewährung (Art. 14*a* ff.) und über die Änderung und Ausweitung der Bestimmungen über die bedingte Entlassung (Art. 15ff.),

das Gesetz vom 28. 5. 1925 über Maßnahmen für unzurechnungsfähige und vermindert zurechnungsfähige Täter (Art. 37 Abs. 3 und 37*a* ff.),

das Gesetz vom 29. 6. 1925 über die Ersatzgeldstrafe (Art. 24).

Besondere Bestimmungen für Gewohnheitsverbrecher sind durch Gesetz vom 25. 6. 1929 in das Strafgesetz eingefügt worden; sie sind jedoch noch nicht in Kraft getreten (Art. 43 *bis* und 43 *ter*).

Von den Änderungen aus der Nachkriegszeit seien noch genannt

das Gesetz vom 5. 4. 1951 über den Schutz von Staatsgeheimnissen,

das Gesetz vom 15. 6. 1951 über weitere Bestimmungen über die Strafaussetzung zur Bewährung und die bedingte Entlassung,

das Gesetz vom 4. 5. 1954, durch das der Höchstbetrag der Geldstrafen durchweg verdoppelt wurde.

Der vorliegenden Übersetzung liegt das niederländische Strafgesetzbuch nach dem Stand von August 1958 zugrunde.

Von den Nebengesetzen sind neben dem Einführungsgesetz vom 15. 4. 1886 die folgenden zu nennen:

Gesetz vom 12. 2. 1901 über Maßnahmen für Jugendliche, das sog. Grundsatzgesetz für Kinder (Kinderbeginselenwet) mit der Ausführungsverordnung des königl. Beschlusses vom 15. 6. 1905;

königl. Beschluß vom 15. 6. 1905 über den Aufschub der Gefängnisstrafe bei Minderjährigen (Ausführungsverordnung zu Art. 39 *sexies*);

königl. Beschluß vom 28. 9. 1928 (zuletzt geändert durch Beschluß vom 18. 3. 1955) zur Ausführung der Artikel 37*c* und 37*d* des Strafgesetzes, das sog. „Psychopathenreglement";

königl. Beschluß vom 13. 12. 1947 über Resozialisierungsmaßnahmen, die sog. „Reclasseringsregeling 1947";

königl. Beschluß vom 13. 2. 1947 über die Strafaussetzung zur Bewährung und die bedingte Entlassung bei Jugendlichen;

das neue Grundsatzgesetz über das Gefängniswesen (Beginselenwet Gevangeniswezen) vom 21. 12. 1951;

königl. Beschluß vom 23. 5. 1953 über eine neue Gefängnisverordnung (Gevangenismaatregel);

königl. Beschluß vom 16. 5. 1953 (mit Änderungen durch Beschluß vom 18. 3. 1955) über den Zentralrat für das Gefängniswesen, die Psychopathenversorgung und die Resozialisierung (Centrale Raad van Advies vor het Gevangeniswezen, de Psychopathenzorg en de Reclassering).

Für das Strafrecht außerhalb des Strafgesetzbuchs ist vor allem das Militärstrafgesetzbuch (Wetboek van Militair Strafrecht), das im Jahre 1923 in Kraft getreten ist, zu nennen. Ferner sei noch auf das praktisch wichtige Gesetz über Wirtschaftsdelikte (Wet op de Economische Delicten) vom 22. 6. 1950 verwiesen, das selbst keine eigentlichen Tatbestände enthält, sondern in einem Katalog Gesetze und Verordnungen aufführt, deren Übertretung als Wirtschaftsdelikt bezeichnet wird. In diesem Gesetz sind von der allgemeinen Regelung abweichende Strafen und Maßnahmen und eine von Art. 74 des Strafgesetzes abweichende Regelung des Unterwerfungsverfahrens enthalten.

Für das politische Strafrecht für die Zeit des letzten Krieges sind besondere Bestimmungen über das sog. außerordentliche Strafrecht erlassen worden, und zwar durch königl. Beschluß vom 22. 12. 1943 (Besluit Buitengewoon Strafrecht), der durch zwei Gesetze vom 27. 6. und 10. 7. 1947 geändert wurde.

Für zukünftige Kriegsfälle ist ein besonderes Gesetz im Jahre 1952 ergangen, das Gesetz über Kriegsstrafrecht (Wet Oorlogsstrafrecht) vom 16. 7. 1952.

Eine größere Gesamtdarstellung der Geschichte des niederländischen Strafrechts ist bisher nicht vorhanden. Kürzere Übersichten finden sich in den niederländischen Lehrbüchern des Strafrechts, z. B. bei

W. P. J. Pompe, Handboek van het Nederlandse Strafrecht, 4. Aufl. Zwolle 1953, S. 18—23;

Hazewinkel-Suringa, Inleiding tot de studie van het Nederlandse Strafrecht, Haarlem 1953, S. 16ff.

Als kurzer Überblick in deutscher Sprache ist zu nennen

R. v. Hippel, Deutsches Strafrecht, Band I, Berlin 1925, S. 389—392.

Über das Kriminalgesetzbuch von 1809 in seiner geistesgeschichtlichen Bedeutung berichtet das Werk von

W. C. van Binsbergen, Algemeen karakter van het Crimineel Wetboek voor het Koningrijk Holland, Utrecht 1950.

Eine umfassende Darstellung der Entstehung des „Wetboek van Strafrecht" von 1881 gibt

H. J. Smidt, Geschiedenis van het Wetboek van Strafrecht, 5 Bände, 2. Aufl. Bd. 1—3 Haarlem 1891—92, Bd. 4 u. 5 Haarlem 1900—01.

Über die Entwicklung in den letzten Jahren berichten

J. M. van Bemmelen, Vijftig jaar Strafrecht,

G. Th. Kempe, Vijftig jaar criminologie in Nederland, 1907—1957, in „Psychiatrisch-Juridisch Gezelschap, Gedenkboek 1907—1957", Amsterdam 1957, S. 7—22 bzw. S. 65—101, und

W. H. Nagel, Penologische beschouwingen over 5 jaren Wet Economische Delicten (1952—1956), Sociaal-Economische Wetgeving, Jaargang 6, Nr. 3—5.

Ferner sei auf die Auslandsrundschau der Zeitschrift für die gesamte Strafrechtswissenschaft hingewiesen, in der zuletzt Pompe über das Strafrecht in den Niederlanden berichtet hat (Bd. 70 (1958), S. 15ff.; davor Bd. 63 (1951), S. 350ff.).

Von historischen Einzeluntersuchungen sei insbesondere auf die umfangreiche Arbeit von

L. Th. Maes, Vijf eeuwen stedelijk strafrecht, bijdrage tot de rechts- en cultuurgeschiedenis der Nederlanden, Antwerpen und 's Gravenhage 1947, hingewiesen. In ihr wird an Hand der Quellen die Strafrechtspflege in der (heute belgischen) Stadt Mecheln vom Mittelalter bis zur französischen Revolution dargestellt. Das Werk enthält eine ausführliche Zusammenstellung des Schrifttums zum älteren niederländischen Strafrecht.

Ferner sei noch folgende neuere Abhandlung erwähnt:

J. W. Bosch, Aantekeningen over de inhoud der Hollandse hervormingsplannen van de criminele ordonnantien van 1570 in de 18de eeuw, Tijdschrift voor Strafrecht 65 (1956), S. 197ff. u. 290ff., sowie 66 (1957), S. 267ff.

Für die Geschichte des Gefängniswesens ist hinzuweisen auf

A. Hallema, Geschiedenis van het gevangeniswezen, hoofdzakelijk in Nederland, 's Gravenhage 1958.

Über die Gründung des Amsterdamer Zuchthauses (1595) berichten ausführlich

R. v. Hippel, Beiträge zur Geschichte der Freiheitsstrafe, in der Zeitschrift für die gesamte Strafrechtswissenschaft 18 (1898) S. 419ff., insbes. S. 437—494;

ferner (besonders im Hinblick auf den Einfluß des niederländischen Zuchthauswesens auf die Entwicklung in Deutschland):

R. v. Hippel aaO. S. 608ff. und Deutsches Strafrecht Bd. I, S. 242ff.;

v. Weber, Die Entwicklung des Zuchthauswesens in Deutschland im 17. und 18. Jahrhundert, Festschrift für Adolf Zycha, 1941, S. 427—468;

Eberhard Schmidt, Einführung in die Geschichte der deutschen Strafrechtspflege, 2. Aufl. Göttingen 1951, S. 178ff.

Die Geschichte der niederländischen Strafrechtswissenschaft wird in Teil II eines Werkes über die Geschichte des gesamten niederländischen Rechts, der in Einzelarbeiten erschienen ist, dargestellt. Die Zeit vor 1795 behandelt

J. Ph. de Monté Verloren, Geschiedenis der Nederlandse Rechtswetenschap, Geschiedenis van de Wetenschap van het Strafrecht en Strafprocesrecht in de Noordelijke Nederlanden voor de Codificatie, Amsterdam 1942, S. 93—218;

die Zeit von 1795 bis 1926

W. P. J. Pompe, Geschiedenis der Nederlandse Strafrechtswetenschap sinds de Codificatie-Beweging, Amsterdam 1956, S. 219—478.

Das Niederländische Strafgesetzbuch

vom 3. März 1881

ERSTES BUCH

Allgemeine Bestimmungen

Titel I

Geltungsbereich des Strafgesetzes

Art. 1. Eine Tat ist nur strafbar auf Grund einer vorher erlassenen gesetzlichen Strafbestimmung.

Bei Änderungen in der Gesetzgebung nach dem Zeitpunkt, in dem die Tat begangen worden ist, kommen die für den Beschuldigten günstigsten Bestimmungen zur Anwendung.

Art. 2. Das niederländische Strafgesetz findet Anwendung auf jeden, der sich innerhalb des europäischen Reichsgebiets einer Straftat schuldig macht.

Art. 3. Das niederländische Strafgesetz findet Anwendung auf jeden, der sich außerhalb des europäischen Reichsgebiets an Bord eines niederländischen Wasser- oder Luftfahrzeuges einer Straftat schuldig macht.

Art. 4. Das niederländische Strafgesetz findet Anwendung auf jeden, der sich außerhalb des europäischen Reichsgebiets schuldig macht:

1. eines der in den Artikeln 92—96, 97*a*, 98—98*c*, 105 und 108—110 bezeichneten Verbrechen;
2. eines der in den Artikeln 131—134*bis* und 189 bezeichneten Verbrechen, wenn die Straftat oder das Verbrechen, das in diesen Artikeln genannt ist, ein Verbrechen im Sinne von Ziffer 1 ist;
3. eines Verbrechens, das Münzen, Geldscheine oder Banknoten oder von Staats wegen ausgegebene Siegel oder Marken oder staatliche Stempelmarken betrifft;
4. einer Fälschung von Schuldverschreibungen oder Schuldscheinen des niederländischen Staates oder einer niederländischen Provinz, Gemeinde oder öffentlichen Einrichtung sowie der dazugehörigen Talons, Dividenden- und Zinsscheine und der Bescheinigungen, die an Stelle dieser Urkunden ausgegeben sind, oder des vorsätzlichen Gebrauchs einer solchen falschen oder verfälschten Urkunde, als wäre sie echt und unverfälscht;
5. eines der in den Artikeln 381—385 bezeichneten Verbrechen.

Art. 5. Das niederländische Strafgesetz findet Anwendung auf den Niederländer, der sich außerhalb des europäischen Reichsgebiets schuldig macht:

1. eines der in den Titeln I und II des Zweiten Buches und in den Artikeln 206, 237, 388 und 389 bezeichneten Verbrechen;
2. einer Tat, die im niederländischen Strafgesetz als Verbrechen angesehen und in dem Land, in dem sie begangen worden ist, mit Strafe bedroht ist.

Die Verfolgung ist auch zulässig, wenn der Beschuldigte erst nach Begehung der Tat Niederländer geworden ist.

Art. 6. Das niederländische Strafgesetz findet Anwendung auf den niederländischen Beamten, der sich außerhalb des europäischen Reichsgebiets eines der in Titel XXVIII des zweiten Buches bezeichneten Verbrechen schuldig macht.

Art. 7. Das niederländische Strafgesetz findet Anwendung auf den Kapitän und die Mitfahrenden eines niederländischen Wasserfahrzeuges, die sich außerhalb des europäischen Reichgebiets, auch außerhalb des Fahrzeugs, einer der in Titel XXIX des zweiten Buches und Titel IX des Dritten Buches bezeichneten Straftaten schuldig machen.

Art. 8. Die Anwendbarkeit der Artikel 2—7 wird durch die im Völkerrecht anerkannten Ausnahmen eingeschränkt.

Titel II

Strafen

Art. 9. Es gibt folgende Strafen:

a) Hauptstrafen
   1. Gefängnisstrafe,
   2. Haft,
   3. Geldbuße;

b) Nebenstrafen
   1. Entziehung bestimmter Rechte,
   2. Unterbringung in einem staatlichen Arbeitshaus,
   3. Einziehung bestimmter Gegenstände,
   4. Veröffentlichung des richterlichen Urteils.

Bei Verurteilung einer minderjährigen Person, die zur Zeit der Verkündung des Endurteils im ersten Rechtszuge das Alter von achtzehn Jahren noch nicht erreicht hat, wird, vorbehaltlich der Vorschriften der Artikel 39*ter* Absatz 1 und 39*septies* letzter Absatz, an Stelle der für die Tat angedrohten Hauptstrafe eine der folgenden Hauptstrafen nach Maßgabe des Artikels 39 *septies* verhängt:

1. Unterbringung in einer Erziehungsanstalt,
2. Geldstrafe,
3. Verweis.

Art. 10. Die Gefängnisstrafe ist eine lebenslängliche oder eine zeitige. Die Dauer der zeitigen Gefängnisstrafe beträgt mindestens einen Tag und höchstens fünfzehn aufeinanderfolgende Jahre.

Sie kann für höchstens zwanzig aufeinanderfolgende Jahre verhängt werden, wenn für das Verbrechen lebenslängliche und zeitige Gefängnisstrafe wahlweise angedroht ist oder wenn durch Straferhöhung wegen des Zusammentreffens mehrerer Verbrechen, wegen Rückfalls oder wegen der Bestimmung des Artikels 44 die Zeit von fünfzehn Jahren überschritten wird.

Sie kann in keinem Fall die Zeit von zwanzig Jahren überschreiten.

Art. 11. Die Gefängnisstrafe wird nach Maßgabe der Persönlichkeit des Verurteilten in uneingeschränkter oder in eingeschränkter Gemeinschaft oder in Absonderung verbüßt.

Art. 12. Jeder Gefangene wird nach Möglichkeit in einer Anstalt untergebracht, deren Ordnung seiner Persönlichkeit am besten entspricht, wobei sowohl die Dauer der Strafe als auch die Resozialisierungsmöglichkeiten für den Gefangenen berücksichtigt werden

Art. 12*a*. (aufgehoben)

Art. 13. Bei Verurteilung zu einer Gefängnisstrafe von mindestens einem Jahr und höchstens drei Jahren kann der Richter, wenn der Verurteilte das Alter von achtzehn, jedoch noch nicht dreiundzwanzig Jahren erreicht hat, dabei zugleich anordnen, daß die Strafe in einem besonderen Jugendgefängnis verbüßt werden soll.
Unbeschadet des in Artikel 39 *septies*, letzter Absatz, bezeichneten Falles kann der Richter bei einer Verurteilung im Sinne von Absatz 1 die gleiche Anordnung auch für Personen erteilen, die das Alter von dreiundzwanzig, jedoch noch nicht fünfundzwanzig Jahren erreicht haben, wenn er es wegen besonderer, diese Personen betreffende Umstände für wünschenswert erachtet.
Eine Anordnung im Sinne dieses Artikels kann nur dann erteilt werden, wenn die wirkliche Strafzeit des Verurteilten mindestens ein Jahr beträgt.

Art. 13*a*. Personen, die das Alter von sechzehn, jedoch noch nicht fünfundzwanzig Jahren erreicht haben und die zu einer Gefängnisstrafe verurteilt worden sind, ohne daß bei ihnen eine Anordnung gemäß Artikel 13 erteilt worden ist, können auf Anordnung des Justizministers in ein besonderes Jugendgefängnis überwiesen werden, wenn ihre wirkliche Strafzeit mindestens noch ein Jahr beträgt.
Hat der Verurteilte mehrere Gefängnisstrafen nacheinander zu verbüßen, so werden sie für die Anwendung dieses Artikels als eine Strafe angesehen.

Art. 13*b*. (aufgehoben)

Art. 13*c*. Verurteilte, die ihre Strafe in einem besonderen Jugendgefängnis verbüßen, können, wenn sie dort nicht länger als ein Jahr und sechs Monate zu verbleiben haben, in jedem Fall nach sechs Monaten und sonst in jedem Fall nach einem Jahr bedingt freigelassen werden.

Art. 13*d*. Verurteilte, die ihre Strafe in einem besonderen Jugendgefängnis verbüßen, werden, wenn sie für den Verbleib dort ungeeignet erschienen sind, auf Anordnung des Justizministers in ein anderes Strafgefängnis überwiesen.
Wenn der Verurteilte sich in dem besonderen Jugendgefängnis auf Grund einer Anordnung des Richters aufhielt, so entscheidet dieser auf Antrag, den die Staatsanwaltschaft zu stellen hat, ob und inwieweit die auferlegte Strafe in Zusammenhang mit der Überweisung gekürzt werden soll. Eine Kürzung ist ausgeschlossen, wenn der Verurteilte die Überweisung durch schlechte Führung vorsätzlich herausgefordert hat. Dem Verurteilten wird vor der Entscheidung Gehör gewährt; die Staatsanwaltschaft wird gehört. Die Sache wird im Beratungszimmer bearbeitet[1]). Die Entscheidung wird mit Gründen versehen; sie ist keinem Rechtsmittel unterworfen.

Art. 14. Der Gefangene ist gemäß den zur Ausführung von Artikel 22 erlassenen Vorschriften zur Verrichtung der ihm übertragenen Arbeit verpflichtet.

Art. 14*a*. Bei Verurteilung zu Gefängnisstrafe von höchstens einem Jahr, zu Haft, Ersatzhaft jedoch nicht inbegriffen, oder zu Geldstrafe kann der Richter zugleich

[1]) D. h. ohne Sitzung im Sitzungssaal.

daneben sowohl für die Strafe als auch für die auferlegten Nebenstrafen die Anordnung treffen, daß diese ganz oder zu einem von ihm zu bestimmenden Teil nicht vollstreckt werden sollen, es sei denn, er entscheide später anders, weil der Verurteilte sich vor dem Ende einer mit der Anordnung zu bestimmenden Bewährungszeit einer Straftat schuldig gemacht hat oder sich während dieser Bewährungszeit in anderer Weise schlecht geführt oder eine besondere Bedingung, die mit der Anordnung auferlegt worden war, nicht erfüllt hat.

Bei Verurteilung unter Anwendung des Absatz 1 zu Gefängnisstrafe von höchstens einem Jahr oder zu Haft, Ersatzhaft jedoch nicht inbegriffen, kann der Richter zugleich eine Geldstrafe auferlegen. Die Geldstrafe beträgt höchstens zweitausend Gulden bei Taten, die mit Gefängnis von nicht mehr als drei Monaten oder Haft bedroht sind, und höchstens viertausend Gulden bei Taten, die mit Gefängnis von mehr als drei Monaten bedroht sind.

Absatz 1 findet bei Verurteilung zu Geldstrafe in staatlichen Steuerangelegenheiten keine Anwendung.

Art. 14*b*. Die Bewährungszeit beträgt bei Verbrechen und bei den in den Artikeln 432 und 433 bezeichneten Übertretungen höchstens drei Jahre, bei den übrigen Übertretungen höchstens zwei Jahre.

Die Bewährungszeit beginnt, sobald die Zustellung im Sinne des Artikels 14*e* erfolgt ist.

Die Bewährungszeit ruht während der Zeit, in der dem Verurteilten rechtmäßig die Freiheit entzogen ist.

Art. 14*c*. Mit der Anordnung nach Artikel 14*a* kann der Richter neben der allgemeinen Bedingung, daß der Verurteilte keine Straftat begeht, als besondere Bedingung bestimmen, daß der Verurteilte den durch die Straftat verursachten Schaden ganz oder zu einem dabei zu bestimmenden Teil innerhalb einer dabei zu bestimmenden Frist, die kürzer als die Bewährungszeit sein muß, ersetzt.

Daneben ist der Richter befugt, mit seiner Anordnung auch andere besondere Bedingungen hinsichtlich der Führung des Verurteilten zu stellen, die dieser während der Bewährungszeit oder während eines mit der Anordnung zu bestimmenden Teils derselben zu erfüllen hat. Dabei kann als besondere Bedingung dem Verurteilten auferlegt werden, sich für den genannten Zeitraum in eine dabei zu bestimmende Anstalt zur Pflege aufnehmen zu lassen.

Die besonderen Bedingungen dürfen die religiöse oder politische Freiheit nicht einschränken.

Art. 14*d*. Mit der Aufsicht über die Erfüllung der Bedingungen ist die Staatsanwaltschaft beauftragt.

Der Richter kann bei gegebener Veranlassung mit seiner Anordnung eine im Reichsgebiet ansässige und mit Rechtspersönlichkeit ausgestattete Einrichtung, den Träger einer dort ansässigen Anstalt oder einen besonderen Beamten beauftragen, dem Verurteilten bei der Erfüllung der besonderen Bedingungen Hilfe und Beistand zu gewähren.

Vorschriften über die nähere Regelung dieses Beistandes und über die nähere Bezeichnung der Einrichtungen und Träger von Anstalten, die mit der Beistandsleistung beauftragt werden können, werden durch allgemeine Verwaltungsverordnung erlassen.

Art. 14*e*. Nach Rechtskraft des Urteils wird dem Verurteilten von der Staatsanwaltschaft unverzüglich eine Benachrichtigung zugestellt, die die Strafe, zu der er verurteilt ist, und alle auf die Anordnung nach Artikel 14*a* bezüglichen Beschlüsse zum Inhalt hat. In allen Fällen, in denen besondere Bedingungen gestellt sind oder in denen die Staatsanwaltschaft dies bestimmt, erfolgt die Zustellung an den Verurteilten persönlich; in anderen Fällen erfolgt dies nach Möglichkeit.

Art. 14*f*. Wenn die Bedingungen nicht erfüllt werden, kann die Staatsanwaltschaft bei dem Richter, der die Anordnung nach Artikel 14*a* erteilt hat, diesem davon Kenntnis geben und alle Anträge stellen, die sie für notwendig erachtet. Die Benachrichtigung, daß von dem Verurteilten aufs neue eine Straftat begangen worden ist, erfolgt nicht, bevor das neue Urteil rechtskräftig geworden ist.

Der vorhergehende Absatz findet auch Anwendung, wenn der Verurteilte vor Ende der Bewährungszeit wegen einer vor deren Beginn begangenen Straftat rechtskräftig bestraft wird.

Art. 14*g*. Der Richter, der die Anordnung nach Artikel 14a erteilt hat, kann nach Empfang eines Antrags der Staatsanwaltschaft oder auf das Gesuch des Verurteilten während der Bewährungszeit oder während der Zeit, in der diese unterbrochen ist, die auferlegten besonderen Bedingungen oder den Zeitraum, auf den diese in ihrer Wirkung innerhalb der Bewährungszeit beschränkt sind, ändern, diese Bedingungen aufheben sowie andere Bedingungen stellen, einen Auftrag gemäß Artikel 14*d* erteilen, mit der Beistandsleistung einen anderen als den damit vorher Beauftragten betrauen, die Bewährungszeit verkürzen oder diese einmal verlängern. Die Verlängerung erfolgt für höchstens die Hälfte des längsten Zeitraumes, für den die Bewährungszeit hätte festgesetzt werden können.

Art. 14*h*. Der Richter, der die Anordnung nach Artikel 14*a* erteilt hat, kann nach Empfang eines Antrages der Staatsanwaltschaft, wenn die Bedingungen nicht erfüllt werden, der Verurteilte sich schlecht führt oder vor dem Ende der Bewährungszeit wegen einer vor ihrem Beginn begangenen Straftat rechtskräftig bestraft wird, die Vollstreckung anordnen oder bestimmen, daß dem Verurteilten eine richterliche Verwarnung erteilt werden soll. Im letzten Falle bestimmt er auch, auf welche Weise dies zu geschehen hat.

Die Vollstreckung kann nicht mehr angeordnet werden, wenn seit dem Ende der Bewährungszeit ein Zeitraum von drei Monaten verstrichen ist, es sei denn, der Verurteilte sei vor Ablauf dieser Frist wegen einer während der Bewährungszeit begangenen Straftat verfolgt worden und die Verfolgung schließe mit einer rechtskräftigen Bestrafung ab. Dann kann noch wegen der Begehung dieser Tat innerhalb von drei Monaten nach Rechtskraft der Verurteilung die Vollstreckung angeordnet werden.

Art. 14*i*. In den Fällen der Artikel 14*g* und 14*h* reicht die Staatsanwaltschaft einen mit Gründen versehenen Antrag ein. Hat der Verurteilte beim Richter ein Gesuch um Anwendung des Artikels 14*g* eingereicht, so gibt die Staatsanwaltschaft unverzüglich, nachdem ihr das Gesuch übergeben worden ist, eine begründete Stellungsnahme dazu ab.

Sofort nach Eingang des Antrages oder der Stellungsnahme bestimmt der Richter einen Termin für die Untersuchung der Sache, es sei denn, die summarische Kenntnisnahme der Akten veranlasse ihn, den Antrag oder das Gesuch nicht weiter zu behandeln.

Die Staatsanwaltschaft läßt danach unter Zustellung ihres Antrages oder ihrer Stellungnahme unverzüglich den Verurteilten und den mit der Beistandsleistung Beauftragten rechtzeitig zur Teilnahme an der Untersuchung vorladen.

Sowohl die Staatsanwaltschaft als auch der Verurteilte können Zeugen und Sachverständige laden lassen, damit sie bei der Untersuchung anwesend sind. Der

Richter kann auf Gesuch des Verurteilten oder auch ohne ein solches Gesuch anordnen, daß bestimmte Personen von der Staatsanwaltschaft geladen werden sollen.

Der Verurteilte und der mit der Beistandsleistung Beauftragte können vor Beginn der Untersuchung von den Akten in der Geschäftsstelle Kenntnis nehmen. Das gleiche gilt für einen Rechtsanwalt oder Prozeßbevollmächtigten, der innerhalb des Reichsgebiets eine Praxis ausübt, wenn dieser erklärt, durch den Verurteilten zur Kenntnisnahme bevollmächtigt zu sein oder, wenn die Sache vor dem Amtsrichter anhängig ist, für einen hierzu vom Verurteilten besonders Bevollmächtigten.

Art. 14*j*. Die Untersuchung findet unter Ausschluß der Öffentlichkeit statt. Jedoch kann der Verurteilte, der das Alter von achtzehn Jahren erreicht hat oder volljährig ist, darum nachsuchen, daß die Untersuchung öffentlich geführt wird. Der Richter entscheidet, ob und wieweit dem Gesuch stattgegeben wird.

Die Staatsanwaltschaft ist bei der Untersuchung vertreten und wird zur Sache gehört.

Der Verurteilte und der mit der Beistandsleistung Beauftragte können bei der Untersuchung anwesend sein und werden alsdann gehört. Der Verurteilte kann sich durch einen Rechtsanwalt oder Prozeßbevollmächtigten, der innerhalb des Reichsgebiets eine Praxis ausübt, oder, wenn die Sache vor dem Amtsrichter anhängig ist, durch einen hierzu besonders Bevollmächtigten als Verteidiger Beistand leisten lassen.

Die Bestimmungen der Artikel 272 Absatz 1, 274, 275, 277, 278, 280—284, 285—294, 296—298, 299—311, 315, 316, 319, 320 Absätze 1 und 2, 326—329 und 331 der Strafprozeßordnung finden entsprechende Anwendung.

Die eingereichten Anträge, Stellungnahmen oder Gesuche können während der Untersuchung durch die Staatsanwaltschaft oder durch den Verurteilten geändert werden.

Art. 14*k*. Die Entscheidungen nach Artikel 14*g* und 14*h*, wie auch die, durch die Anträge oder Gesuche um Anwendung dieser Artikel abgewiesen werden, werden mit Gründen versehen; sie sind keinem Rechtsmittel unterworfen.

Nur wenn die Entscheidung die Anordnung der Vollstreckung beinhaltet, wird sie öffentlich verkündet.

Der Inhalt der Entscheidung wird durch die Staatsanwaltschaft unverzüglich dem Verurteilten, dem mit der Beistandsleistung Beauftragten sowie demjenigen, der durch die Entscheidung davon entbunden wird, zugestellt.

Art. 14*l*. Die Vorladungen, Ladungen und Zustellungen nach Artikel 14*e*, 14*i* und 14*k* erfolgen gemäß den Artikeln 585—588 der Strafprozeßordnung.

Art. 15. Der zu Gefängnisstrafe Verurteilte kann, wenn zwei Drittel seiner wirklichen Strafzeit und zugleich mindestens neun Monate davon verstrichen sind, bedingt freigelassen werden.

Falls der Verurteilte mehrere Gefängnisstrafen nacheinander zu verbüßen hat, werden sie dabei als eine Strafe angesehen.

Bei dieser Freilassung wird zugleich für den Verurteilten eine Bewährungszeit festgesetzt und werden Bedingungen auferlegt, denen dieser während der Bewährungszeit zu entsprechen hat. Die Bewährungszeit dauert ein Jahr länger als der restliche Teil der wirklichen Strafzeit des Verurteilten. Sie ruht während der Zeit, in der dem Verurteilten rechtmäßig die Freiheit entzogen ist.

Art. 15*a*. Mit der bedingten Freilassung wird die allgemeine Bedingung verbunden, daß der Verurteilte keine Straftat begeht noch sich auf andere Weise schlecht führt.

Mit der bedingten Freilassung können daneben besondere Bedingungen hinsichtlich der Führung des Verurteilten verbunden werden. Dabei kann als besondere Bedingung dem Verurteilten auferlegt werden, sich in eine dabei zu bestimmende Anstalt zur Pflege aufnehmen zu lassen. Die besonderen Bedingungen dürfen die religiöse oder politische Freiheit nicht einschränken.

Mit der Aufsicht über die Erfüllung der Bedingungen ist stets die Staatsanwaltschaft beauftragt.

Außerdem kann eine besondere Aufsicht über die Einhaltung der Bedingungen eingesetzt werden.

Während der Bewährungszeit kann bestimmt werden, daß diese vor dem in Artikel 15 genannten Zeitpunkt enden soll, können die besonderen Bedingungen geändert werden, können diese Bedingungen aufgehoben werden, können auch noch besondere Bedingungen gestellt werden, kann noch eine besondere Aufsicht eingesetzt werden und kann mit der besonderen Aufsicht ein anderer als der vorher damit Beauftragte betraut werden.

Dem bedingt Freigelassenen wird ein Urlaubsschein ausgehändigt, in dem alle ihm auferlegten Bedingungen aufgeführt sind. Bei Anwendung des vorhergehenden Absatzes wird ihm ein neuer Urlaubsschein ausgehändigt.

Art. 15*b*. Die bedingte Freilassung ist widerruflich, wenn der Verurteilte während der Bewährungszeit gegen die in seinem Urlaubsschein aufgeführten Bedingungen verstößt. Sie kann vorläufig aufgehoben werden, wenn eine ernstliche Vermutung für ein solches Verhalten besteht.

Die Zeit zwischen einer Freilassung und einer Wiederaufnahme der Strafvollstreckung wird auf die Strafdauer nicht angerechnet.

Der Widerruf kann nicht mehr erfolgen, wenn seit dem Ende der Bewährungszeit ein Zeitraum von drei Monaten verstrichen ist, es sei denn, der Verurteilte sei vor Ablauf dieser Frist wegen einer während der Bewährungszeit begangenen Straftat verfolgt worden und die Verfolgung schließe mit einer rechtskräftigen Verurteilung ab. Dann kann die bedingte Freilassung wegen der Begehung dieser Tat noch innerhalb von drei Monaten nach Rechtskraft der Verurteilung widerrufen werden.

Solange das Recht zum Widerruf der bedingten Freilassung gegeben ist, kann der bedingt Freigelassene, bei dem eine begründete Vermutung besteht, daß er während der Bewährungszeit gegen die in seinem Urlaubsschein aufgeführten Bedingungen verstoßen hat, auf Anordnung des Leiters der Gemeindepolizei des Ortes, an dem er sich befindet, oder auf Anordnung des Staatsanwalts, zu dessen Bezirk dieser Ort gehört, im Interesse der öffentlichen Ordnung festgenommen werden, wobei die Verpflichtung besteht, das Justizministerium unverzüglich zu benachrichtigen.

Die Festnahme ist höchstens dreißig Tage wirksam. Erfolgt im Anschluß an die Festnahme eine vorläufige Aufhebung oder ein Widerruf der bedingten Freilassung, so gilt die Strafvollstreckung als am Tage der Festnahme wiederaufgenommen.

Art. 16. Alle Beschlüsse auf Grund der Anwendung der Artikel 15—15*b* werden vom Justizminister gefaßt.

Art. 17. Die Vorschriften zur Ausführung der Artikel 15—16 werden durch allgemeine Verwaltungsverordnung erlassen. Dabei wird berücksichtigt, daß die besondere Aufsicht ausschließlich darauf gerichtet sein darf, dem Verurteilten Hilfe und Beistand zu gewähren.

Art. 17*a*. (aufgehoben)

Art. 18. Die Dauer der Haft beträgt mindestens einen Tag und höchstens ein Jahr.

Sie kann für höchstens ein Jahr und vier Monate in den Fällen verhängt werden, in denen infolge Straferhöhung wegen des Zusammentreffens mehrerer Verbrechen, wegen Rückfalls oder wegen der Bestimmung des Artikels 44 die Zeit von einem Jahr überschritten wird.

Sie kann in keinem Fall die Zeit von einem Jahr und vier Monaten überschreiten.

Art. 19. Die Haft wird in der Regel in Gemeinschaft verbüßt. Dem Verurteilten kann auf sein Gesuch gestattet werden, die Haft in Absonderung zu verbüßen.

Art. 20. Der zu Haft Verurteilte ist gemäß den zur Ausführung von Artikel 22 erlassenen Vorschriften zur Verrichtung der ihm aufgetragenen Arbeit verpflichtet.

Art. 21. Die Dauer der zeitigen Gefängnisstrafe und der Haft wird im richterlichen Urteil nach Tagen, Wochen, Monaten und Jahren, nicht nach Teilen davon, bemessen.

Art. 22. Die Einteilung und die Verwaltung der Gefängnisse und Haftanstalten und die Ordnung in denselben, die Arbeit, die Bestimmung über den Ertrag der Pflichtarbeit, die geistliche, kulturelle und soziale Versorgung und die Zucht werden nach den durch Gesetz aufzustellenden Grundsätzen durch allgemeine Verwaltungsverordnung geregelt.

Art. 22*a*. Der Justizminister ist befugt, unter besonderen Umständen im Interesse der Staatssicherheit zu bestimmen, daß Freiheitsstrafen außerhalb des europäischen Reichsgebiets vollstreckt werden.

Art. 23. Der Betrag der Geldstrafe ist mindestens fünfzig Cents und für eine minderjährige Person, die zur Zeit der Verkündung des Endurteils im ersten Rechtszug das Alter von achtzehn Jahren noch nicht erreicht hat, vorbehaltlich der Anwendung des Artikels 39 *septies*, letzter Absatz, höchstens neunzig Gulden.

Die Geldstrafe ist binnen der Frist zu zahlen, die der Beamte, namens dessen die Vollstreckung des Urteils erfolgt, festzusetzen hat.

In Ermangelung vollständiger Zahlung innerhalb dieser Frist wird die nicht gezahlte Geldstrafe oder der nicht gezahlte Teil der Geldstrafe, sofern es die Umstände zulassen, aus den Vermögensgegenständen und den Einkünften des Verurteilten beigetrieben.

Soweit auch die Beitreibung unterbleibt, wird die weder gezahlte noch beigetriebene Geldstrafe oder der weder gezahlte noch beigetriebene Teil durch Haft und für eine minderjährige Person im Sinne des ersten Absatzes durch Unterbringung in einer Erziehungsanstalt ersetzt.

Die Dauer der Ersatzhaft beträgt mindestens einen Tag und höchstens sechs Monate, die der ersatzweisen Unterbringung in einer Erziehungsanstalt mindestens eine Woche und höchstens einen Monat.

Die im vorhergehenden Absatz genannten Höchstgrenzen dürfen in den Fällen um ein Drittel überschritten werden, in denen wegen Zusammentreffens von Straftaten, Rückfalls oder der Vorschrift des Artikels 44 der Höchstbetrag der Geldstrafe erhöht wird.

Die Dauer der Ersatzstrafe wird im richterlichen Urteil für den Fall bestimmt, daß die Geldstrafe insgesamt durch Freiheitsstrafe ersetzt werden muß. Die Dauer wird in vollen Tagen, Wochen oder Monaten festgesetzt. Abgesehen von der Mindestgrenze von einer Woche für die ersatzweise Unterbringung in einer Erziehungsanstalt darf nicht mehr als ein Tag für jeden halben Gulden der Geldstrafe verhängt werden.

Muß ein Teil der Geldstrafe durch Freiheitsstrafe ersetzt werden, so vermindert sich, vorbehaltlich der in Absatz 5 genannten Mindestgrenzen, die Dauer der Ersatzstrafe verhältnismäßig. Für den Teil eines Tages wird ein voller Tag vollstreckt.

Der Verurteilte ist auch noch nach Ablauf der Frist des Absatzes 2 befugt, durch Zahlung eines erhöhten Betrages die Beitreibung aus seinen Vermögensgegenständen und Einkünften oder die Vollstreckung der Ersatzstrafe abzuwenden oder, wenn sie bereits begonnen hat, aufzuhalten. Dieser erhöhte Betrag entspricht dem bei Fristablauf noch geschuldeten Betrag, vermehrt um ein Fünftel, mindestens jedoch um einen Gulden und höchstens um fünfzig Gulden. Zahlung eines Teiles des erhöhten Betrages vermindert den beizutreibenden oder durch Freiheitsstrafe zu ersetzenden Betrag verhältnismäßig.

Art. 24. Bei einem[1] Schuldspruch wegen einer Straftat, wegen der der Richter bei Anwendung von Freiheitsstrafe als Hauptstrafe Gefängnis von nicht mehr als drei Monaten oder Haft verhängt haben würde, kann er:

1. wenn die Tat nicht zugleich mit Geldstrafe bedroht ist, dennoch auf Geldstrafe erkennen;
2. wenn die Tat zugleich mit Geldstrafe bedroht ist, jedoch die Verhängung selbst des Höchstbetrages nicht ausreichend sein würde, auf eine höhere Geldstrafe erkennen.

Die auf Grund des ersten Absatzes zu verhängende Geldstrafe beträgt höchstens zehntausend Gulden bei Taten, die mit Gefängnis von nicht mehr als drei Monaten oder Haft bedroht sind, und höchstens zwanzigtausend Gulden bei Taten, die mit Gefängnis über drei Monaten bedroht sind.

Die Vorschriften der Absätze 1 und 2 finden keine Anwendung, wenn die Tat mit Gefängnis von mehr als sechs Jahren bedroht ist.

Art. 25. Befindet sich der Verurteilte, der Haft als Ersatz für die Geldstrafe zu verbüßen hat, in einer zum Vollzug von Gefängnisstrafe bestimmten Anstalt, so kann er auf sein Gesuch die Haft unmittelbar nach Ende der Gefängnisstrafe in dieser Anstalt verbüßen, ohne daß dabei der Vollzug der Haft geändert wird.

Art. 26. Die Gefängnisstrafe und die Haft beginnen mit dem Tag der Vollstreckung des richterlichen Urteils, soweit sie eine jede dieser Strafen betrifft.

Art. 27. In dem richterlichen Urteil kann bestimmt werden, daß die Zeit, die der Verurteilte vor der Vollstreckung des Urteils in Untersuchungshaft verbracht hat, bei dem Vollzug der ihm auferlegten zeitigen Gefängnisstrafe, Haft oder Geldstrafe ganz oder teilweise angerechnet werden soll; soweit es die Geldstrafe betrifft, erfolgt die Anrechnung nach einem im Urteil zu bestimmenden Maßstab.

Die Vorschrift dieses Artikels ist auch anwendbar, wenn bei gleichzeitiger Verfolgung wegen mehrerer Straftaten die Verurteilung wegen einer anderen Straftat als derjenigen erfolgt, wegen der der Verurteilte sich in Untersuchungshaft befindet.

Art. 27 *bis*. Die Dauer der Unterbringung in einer Erziehungsanstalt beträgt mindestens einen Monat und bei Verbrechen und den in den Artikeln 424—426, 428—433, 439, 440, 447, 450, 451, 453 und 455 bezeichneten Übertretungen höchstens sechs aufeinander folgende Monate für eine Person, die vor der Begehung der Tat das Alter von vierzehn Jahren noch nicht erreicht hat, und höchstens ein Jahr für eine Person, die zu diesem Zeitpunkt dieses Alter erreicht hat.

Bei anderen Übertretungen werden die oben genannten Höchstgrenzen um die Hälfte herabgesetzt.

Art. 27 *ter*. Die Vorschriften der Artikel 21 und 26 sind auf die Strafe der Unterbringung in einer Erziehungsanstalt anwendbar.

Art. 27*quater*. Die Strafe des Verweises besteht in einer Ermahnung des Verurteilten wegen der verübten Tat.

Art. 28. Die Rechte, die dem Schuldigen in den durch das Gesetz bestimmten Fällen durch richterliches Urteil entzogen werden können, sind:
1. Ämter oder bestimmte Ämter zu bekleiden;
2. bei den Streitkräften zu dienen;
3. zu wählen oder gewählt zu werden bei Wahlen, die auf Grund gesetzlicher Vorschrift ausgeschrieben sind;
4. Rechtsbeistand oder gerichtlicher Verwalter zu sein;
5. die Ausübung bestimmter Berufe.

Die Amtsenthebung von richterlichen Beamten, die auf Lebenszeit oder für bestimmte Zeit ernannt sind, oder anderer auf Lebenszeit ernannter Beamter erfolgt hinsichtlich des Amtes, in das sie auf diese Weise berufen sind, allein in den durch das Gesetz bestimmten Fällen und Formen.

Art. 29. Die Entziehung des Rechts, Ämter oder bestimmte Ämter zu bekleiden und bei den Streitkräften zu dienen, kann außer in den im zweiten Buch bezeichneten Fällen ausgesprochen werden bei Verurteilung wegen eines Amtsverbrechens oder wegen eines Verbrechens, durch das der Schuldige eine besondere Amtspflicht verletzte oder bei dem er die ihm durch sein Amt verliehene Macht, Gelegenheit oder Mittel gebrauchte.

Art. 30. (aufgehoben)

Art. 31. Wird die Entziehung von Rechten ausgesprochen, so bestimmt der Richter die Dauer wie folgt:
1. bei Verurteilung zu lebenslänglicher Gefängnisstrafe, auf Lebenszeit;
2. bei Verurteilung zu zeitiger Gefängnisstrafe oder zu Haft, für eine die Dauer der Hauptstrafe um mindestens zwei und höchstens fünf Jahre übersteigende Zeit;
3. bei Verurteilung zu Geldstrafe, für eine Zeit von mindestens zwei und höchstens fünf Jahren.

Die Strafe beginnt an dem Tage, an dem das richterliche Urteil vollstreckbar geworden ist.

Art. 32. In den durch das Gesetz bestimmten Fällen kann der Richter anordnen, daß der Verurteilte für mindestens drei Monate und höchstens drei Jahre in einem staatlichen Arbeitshaus untergebracht wird.

Die Vorschriften der Artikel 14, 15—17, 21 und 22 finden für die Strafe der Unterbringung in einem staatlichen Arbeitshaus entsprechende Anwendung mit der Maßgabe, daß Unterbringungen in einem staatlichen Arbeitshaus als aufeinanderfolgend gelten, wenn sie lediglich durch Haft unterbrochen werden.

Wenn als Hauptstrafe Freiheitsstrafe verhängt ist, so beginnt die Nebenstrafe mit dem Tag, an dem die Hauptstrafe endet.

Art. 33. Gegenstände, die dem Verurteilten gehören und die er durch ein Verbrechen erlangt oder mit denen er ein Verbrechen vorsätzlich verübt hat, können eingezogen werden.

Bei Verurteilung wegen eines nicht vorsätzlich verübten Verbrechens oder wegen einer Übertretung kann ebenfalls die Einziehung in den durch das Gesetz bestimmten Fällen ausgesprochen werden.

Die Einziehung kann zu Lasten des Schuldigen, auf den Artikel 39 angewendet wird, ausgesprochen werden.

Art. 33*bis*. Bei Einfuhr oder Beförderung von Sachen den Reichssteuergesetzen zuwider durch eine Person unter achtzehn Jahren kann der Richter, auch wenn auf den Schuldigen Artikel 38 angewendet wird, auf Antrag der Finanzverwaltung die Einziehung der genannten Sachen aussprechen.

Art. 34. Nicht beschlagnahmte Gegenstände werden bei Einziehung im Urteil auf einen bestimmten Betrag in Geld geschätzt.

Die Gegenstände müssen in diesem Fall ausgeliefert werden, oder der geschätzte Betrag ist binnen einer Frist zu zahlen, die der Beamte, namens dessen die Vollstreckung des Urteils erfolgt, festzusetzen hat.

Wenn beides unterbleibt, wird ersatzweise Freiheitsstrafe vollstreckt. Artikel 23 Absätze 4, 5 und 7—9 und Artikel 25 finden entsprechende Anwendung mit der Maßgabe, daß zu jeder Zeit auch völlige Befreiung durch Auslieferung sämtlicher eingezogener Gegenstände noch möglich ist.

Art. 35. Alle Kosten der Gefängnisstrafe, der Haft und der Unterbringung in einem staatlichen Arbeitshaus fallen dem Staat zur Last, alle Erträge aus Geldstrafen und Einziehungen kommen ihm zugute.

Art. 36. In den Fällen, in denen der Richter auf Grund des Gesetzes die Veröffentlichung seines Urteils anordnet, bestimmt er zugleich, auf welche Weise diese Anordnung ausgeführt wird.

Die Kosten der Veröffentlichung werden im Urteil auf einen bestimmten Betrag geschätzt.

Dieser Betrag muß von dem Verurteilten binnen einer Frist bezahlt werden, die der Beamte, namens dessen die Vollstreckung des Urteils erfolgt, festzusetzen hat.

Unterbleibt die Zahlung, so wird ersatzweise Freiheitsstrafe vollstreckt. Artikel 23 Absätze 4, 5 und 7—9 und Artikel 25 finden entsprechende Anwendung.

Titel III

Ausschluß, Minderung und Erhöhung der Strafbarkeit

Art. 37. Nicht strafbar ist, wer eine Tat begeht, die ihm wegen der mangelhaften Entwicklung oder krankhaften Störung seiner Geistesfähigkeiten nicht zugerechnet werden kann.

In diesem Fall kann der Richter anordnen, daß er für eine die Dauer eines Jahres nicht überschreitende Probezeit in einer Heil- und Pflegeanstalt untergebracht werden soll.

Fällt die Tat unter die Vorschrift über ein Verbrechen oder über eine der in den Artikeln 426 Absatz 2, 432, 433 und 453 Absätze 3 und 4 des Dritten Buches bezeichneten Übertretung, so kann der Richter, auch bei Anwendung des zweiten Absatzes, anordnen, daß er der Regierung überlassen werden soll, um auf ihre Veranlassung gepflegt zu werden, dies jedoch nur, wenn die öffentliche Ordnung dies entschieden erfordert.

Art. 37*a*. Bei strafrechtlicher Verfolgung einer Person, bei der zur Zeit der Begehung der Tat eine mangelhafte Entwicklung oder krankhafte Störung der Geistesfähigkeiten bestand, ohne daß Artikel 37 Absatz 1 Anwendung findet, spricht der Richter Recht unter Berücksichtigung der Bestimmungen des vorhergehenden Titels.

Der Richter kann bei Anwendung des vorhergehenden Absatzes daneben Recht sprechen nach Maßgabe der Bestimmung des Artikels 37 Absatz 3.

Art. 37*b*. Die Überlassung gemäß Artikel 37 Absatz 3 gilt, vorbehaltlich einer früheren Beendigung auf Veranlassung der Regierung, für die Zeit von zwei Jahren.

Diese Frist beginnt unmittelbar nach Rechtskraft des Urteils und im Falle der bedingten Überlassung, nachdem die Vollstreckung angeordnet worden ist; sie kann durch richterliche Anordnung jeweils um ein Jahr oder um zwei Jahre verlängert werden.

Die Frist für die Überlassung ruht während der Zeit, in der sich der Überlassene nicht in Freiheit befindet.

Derjenige, für den Verlängerung beantragt ist, bleibt, bis hierüber ein richterliches Urteil ergangen ist, der Regierung überlassen.

Art. 37*c*. Die Pflege von Personen, die auf Grund der Artikel 37 und 37*a* der Regierung überlassen sind, erfolgt:

a) Vorzugsweise durch im Reichsgebiet ansässige juristische oder natürliche Personen, die den durch allgemeine Verwaltungsverordnung zu bezeichnenden Anforderungen genügen, sich den von der Regierung zu stellenden Bedingungen unterwerfen und auf Verlangen gegen vollen oder teilweisen Kostenersatz durch die Regierung mit der Pflege beauftragt werden;

b) in staatlichen Asylen.

Die Kosten, die durch die Pflege und im Zusammenhang damit entstehen, fallen dem Staat zur Last. Alle auf Grund dieses Artikels und der Ausführungsbestimmungen dazu getroffenen Verfügungen und angefertigten Urkunden sind stempelsteuerfrei, bedürfen nicht der Registrierung und werden frei von allen Kosten ausgefertigt.

Art. 37*d*. Im Falle der Überlassung gemäß Artikel 37 Absatz 3 kann der Richter zugleich anordnen, daß die Überlassung nicht vollstreckt werden soll, es sei denn, er entscheide später anders, weil die der Regierung überlassene Person sich vor dem Ende einer mit seiner Anordnung zu bestimmenden Bewährungszeit einer Straftat schuldig gemacht hat oder während dieser Zeit eine besondere Bedingung, die mit der Anordnung auferlegt worden war, nicht erfüllt hat oder wenn es sich gezeigt hat, daß sie unbedingt der Pflege auf Veranlassung der Regierung bedarf.

Die Artikel 14*b*—14*l* finden entsprechende Anwendung mit der Maßgabe,

1. daß der Richter, wenn er besondere Bedingungen auferlegt, stets zugleich einen Auftrag zu Hilfe- und Beistandsleistung gemäß Artikel 14*d* gibt, es sei denn, Artikel 39 *decies* finde ebenfalls Anwendung;
2. daß die Hilfe- und Beistandsleistung außer den besonderen Beamten auch den im Reichsgebiet ansässigen juristischen und natürlichen Personen aufgetragen werden kann, die den durch allgemeine Verwaltungsverordnung zu bestimmenden Anforderungen und Bedingungen entsprechen;
3. daß die Anordnung der Vollstreckung, weil es sich gezeigt hat, daß die bedingt der Regierung überlassene Person unbedingt der Pflege auf deren Veranlassung bedarf, erteilt wird unter entsprechender Anwendung der Vorschriften, die für die Vollstreckung wegen der Nichterfüllung einer besonderen Bedingung gelten.

Art. 37*e*. Bei Personen, die entsprechend der Vorschrift des Artikels 37 der Regierung überlassen sind und in einem staatlichen Asyl oder anderswo gepflegt werden, kann der Justizminister jederzeit verfügen, daß die staatliche Sorge für die Pflege bedingt oder vorbehaltlos beendet wird, wenn persönliche oder sachliche Umstände des Betroffenen dazu Veranlassung geben.

Die bedingte Entlassung ist jederzeit widerruflich, wenn der Entlassene in eine Heil- und Pflegeanstalt aufgenommen wird, sich schlecht führt, Anzeichen dafür bestehen, daß er eine Gefahr für die öffentliche Ordnung darstellt, oder wenn die bei seiner Entlassung gestellten Bedingungen nicht befolgt werden oder andere ihn betreffende persönliche oder sachliche Umstände einen solchen Widerruf begründen. Aus den gleichen Gründen kann die bedingte Entlassung vorläufig aufgehoben werden.

Wenn Anzeichen dafür bestehen, daß der bedingt Entlassene eine Gefahr für die öffentliche Ordnung darstellt, kann seine vorläufige Festnahme durch den Leiter der Gemeindepolizei des Ortes, an dem er sich befindet, oder durch den Staatsanwalt, zu dessen Bezirk dieser Ort gehört, angeordnet werden, wobei die Verpflichtung besteht, das Justizministerium unverzüglich zu benachrichtigen.

Der bedingt Entlassene wird von seiten der Regierung beaufsichtigt.

Art. 37*f*. Höchstens zwei Monate und mindestens einen Monat vor dem Ende der Frist, während der eine Person entsprechend der Vorschrift des Artikels 37 der Regierung überlassen ist, kann die Staatsanwaltschaft bei dem Gericht, das die Überlassung angeordnet hat, bei diesem einen Antrag auf Verlängerung dieser Frist um ein Jahr oder um zwei Jahre stellen.

Mit diesem Antrag werden vorgelegt:

1. eine Abschrift der Aufzeichnungen über die körperliche und geistige Verfassung des Überlassenen und
2. eine höchstens vierzehn Tage vor Einreichen des Antrags aufgesetzte, unterschriebene und mit Gründen versehene Erklärung eines hierzulande zugelassenen Arztes, vorzugsweise des Arztes, der den in Anstalts- oder Familienpflege aufgenommenen Überlassenen behandelt, darüber, ob diese Verlängerung wünschenswert ist.

Art. 37*g*. Während der Prüfung des Verlängerungsantrags hört der Richter, wenn möglich, den der Regierung Überlassenen. Er kann dazu den Überlassenen auf die von ihm zu bestimmende Weise und an den von ihm zu bestimmenden Tagen sooft er es für nötig erachtet vorladen lassen und dabei anordnen, daß dieser an dem bestimmten Tage durch einen Gerichtsvollzieher oder einen Vertreter der Staatsgewalt nach dem Ort der Vernehmung gebracht werden soll.

Der Richter kann näheren Beweis durch Zeugen oder andere Beweismittel anordnen.

Die Zeugen werden auf Veranlassung der Staatsanwaltschaft vorgeladen. Sie sind verpflichtet zu erscheinen.

Die Zeugen können unter Eid oder Versprechen, das entsprechend den in Strafsachen vorgeschriebenen Bestimmungen abzulegen ist, vernommen werden. Die Sachverständigen legen in die Hand des Richters in gleicher Weise den Eid oder das Versprechen ab, daß sie ihm ihren Bericht nach ihrem Gewissen geben werden.

Die Vernehmungen werden zu Protokoll genommen. Sie finden im Beratungszimmer statt.

Jede Vernehmung wie auch die Vereidigung der Sachverständigen kann einem oder mehreren von dem Kollegium aus ihrer Mitte dazu Beauftragten oder dem Amtsrichter, in dessen Bezirk sich der der Regierung Überlassene aufhält, übertragen werden.

Bei jeder Vernehmung können die Staatsanwaltschaft, die den Antrag gestellt hat, wie auch der Rechtsanwalt des der Regierung Überlassenen anwesend sein.

Bei einer Vernehmung des Überlassenen in der Anstalt oder in der Wohnung, in die er zur Pflege aufgenommen ist, können auch die Ärzte und andere Personen, die sich in der Anstalt oder in der Wohnung befinden, ohne vorherige Ladung und ohne Entschädigung als Zeugen vernommen werden.

Art. 37*h*. Der Richter trifft seine Verfügung über die Verlängerung oder Nichtverlängerung binnen zwei Monaten nach Eingang des Antrags gemäß Artikel 37*f* und nicht bevor die Staatsanwaltschaft gehört worden ist.

Die Verfügung wird nicht öffentlich verkündet und ist keiner Beschwerde unterworfen.

Die Verfügung wird dem der Regierung Überlassenen in der durch die Artikel 585—587 der Strafprozeßordnung vorgeschriebenen Weise zugestellt. Ist der Überlassene in einer Heil- und Pflegeanstalt untergebracht, so findet die Bestimmung des Artikels 34 Nr. 3 des Gesetzes vom 27. April 1884 (Staatsblatt Nr. 96) entsprechende Anwendung.

Art. 37*i*. Nach Maßgabe der Vorschrift des Artikels 37 der Regierung überlassene Personen können bei bedingter oder vorbehaltloser Beendigung der staatlichen Sorge für ihre Pflege:

a) mit Reisegeld versehen werden oder es kann ihnen eine Reisemöglichkeit verschafft werden, sofern der Bestand ihrer Kasse beim Abgang es nicht möglich oder nicht wünschenswert macht, daraus solche Ausgaben zu bestreiten;

b) in Begleitung zu ihrem Bestimmungsort gebracht werden, wenn ihre körperliche oder geistige Verfassung oder auch andere Umstände dieses erforderlich machen.

Art. 37*j*. Die Verwaltung, die Einrichtung und die innere Ordnung der staatlichen Asyle, die Arbeit, die Bestimmung über den Ertrag der Pflichtarbeit, die geistliche, kulturelle und soziale Versorgung und die Zucht,

die Bedingungen gemäß Artikel 37 Absatz 1 Buchstabe a,
die Aufsicht über die Erfüllung dieser Bedingungen,
die Art der Bestimmung und Gewährung von Kostenersatz gemäß Artikel 37*c* Absatz 2,
die Überweisung von Pfleglingen aus privater Betreuung in ein staatliches Asyl und umgekehrt,
die bedingte oder vorbehaltlose Entlassung aus der Pflege,

werden durch allgemeine Verwaltungsverordnung näher geregelt, und zwar, soweit es die Verwaltung, Einrichtung und innere Ordnung der staatlichen Asyle betrifft, nach den durch Gesetz festzusetzenden Grundsätzen.

Art. 38. Bei strafrechtlicher Verfolgung einer minderjährigen Person wegen einer vor Erreichen des sechzehnten Lebensjahres begangenen Tat kann der Richter anordnen, daß der Schuldige ohne Bestrafung seinen Eltern oder seinem Vormund zurückgegeben werden soll.

Art. 39. Bei strafrechtlicher Verfolgung einer minderjährigen Person, die zur Zeit der Verkündung des Endurteils im ersten Rechtszuge das Alter von achtzehn Jahren noch nicht erreicht hat, wegen einer Tat, die unter die Bestimmung über ein Verbrechen fällt, kann der Richter anordnen, daß der Schuldige, vorbehaltlich der Bestimmung des Artikels 39*ter* Absatz 1, ohne Bestrafung der Regierung überlassen werden soll.

Bei strafrechtlicher Verfolgung einer minderjährigen Person, die zum obengenannten Zeitpunkt das Alter von vierzehn Jahren noch nicht erreicht hat, wegen einer Tat, die unter die Bestimmungen über eine der in den Artikeln 424—426, 428—433, 439, 440, 447, 450, 451, 453 und 455 bezeichneten Übertretungen fällt und die begangen worden ist, nachdem der Täter während der letzten zwei Jahre zweimal rechtskräftig einer dieser Übertretungen oder eines Verbrechens schuldig erklärt wurde, kann der Richter die im vorhergehenden Absatz bestimmten Anordnungen treffen, ohne eine Strafe zu verhängen.

Der Richter kann eine Anordnung in demselben Sinne treffen, ohne eine Strafe zu verhängen, bei strafrechtlicher Verfolgung einer minderjährigen Person, die in dem obengenannten Zeitpunkt das Alter von vierzehn Jahren, jedoch noch nicht von achtzehn Jahren erreicht hat, wegen einer Tat, die unter die Bestimmung über eine der im vorhergehenden Absatz bezeichneten Übertretungen fällt, wenn zur Zeit der Tat noch nicht zwei Jahre verstrichen sind, seit dieselbe Person rechtskräftig einer dieser Übertretungen oder eines Verbrechens schuldig erklärt worden ist.

Art. 39 *bis*. Hat der Richter angeordnet, daß der Schuldige der Regierung überlassen werden soll, so wird er

entweder in einer staatlichen Fürsorgeanstalt untergebracht, damit dort, oder später auf andere Weise, von Staats wegen für seine Erziehung gesorgt wird,

oder zur Erziehung einer im Reichsgebiet ansässigen rechtsfähigen Vereinigung oder einer dort ansässigen Stiftung oder Wohltätigkeitseinrichtung, deren Statuten, Stiftungsurkunden oder Satzungen die auf Dauer gerichtete Versorgung von Minderjährigen in oder außerhalb von Anstalten vorschreiben, anvertraut, damit durch sie, oder später auf andere Weise, von Staats wegen für eine Erziehung gesorgt wird,

in beiden Fällen jedoch höchstens bis er das Alter von einundzwanzig Jahren erreicht hat.

Bestimmungen zur Ausführung des ersten Absatzes dieses Artikels und über die bedingte oder vorbehaltlose Beendigung der staatlichen Sorge für die Erziehung werden nach den durch Gesetz festzusetzenden Grundsätzen durch allgemeine Verwaltungsverordnung erlassen.

Art. 39 *bis a*. Im Falle der Überlassung gemäß Artikel 39 kann der Richter zugleich anordnen, daß die Überlassung nicht vollstreckt werden soll, es sei denn, er entscheide später anders, weil die der Regierung überlassene Person sich vor dem Ende einer mit seiner Anordnung zu bestimmenden Bewährungszeit einer Straftat schuldig gemacht hat oder während dieser Bewährungszeit eine besondere Bedingung, die mit der Anordnung auferlegt worden war, nicht erfüllt hat, oder wenn es sich gezeigt hat, daß sie unbedingt der Erziehung von Staats wegen bedarf. Die Artikel 14*b*—14*l* finden entsprechende Anwendung mit der Maßgabe:

1. daß der Richter, wenn er besondere Bedingungen auferlegt, stets zugleich einen Auftrag zur Hilfe- und Beistandsleistung gemäß Artikel 14*d* gibt, es sei denn, Artikel 39 *decies* finde ebenfalls Anwendung;
2. daß für Zustellungen gemäß Artikel 14*e* und 14*k*, letzter Absatz, die Bestimmung des Artikels 491 der Strafprozeßordnung entsprechende Anwendung findet;
3. daß bei Minderjährigen unter 16 Jahren alle Gesuche, unter Ausschluß des Minderjährigen selbst, nur von dem, der die elterliche Gewalt ausübt, oder von dem Vormund gestellt oder geändert und alle Rechte wahrgenommen werden;
4. daß zur Teilnahme an der Untersuchung gemäß Artikel 14*i* Absatz 3 auch die Eltern oder der Vormund des Minderjährigen und der Rat für Kinderschutz unter Zustellung des Antrags oder der Stellungnahme vorgeladen werden;
5. daß die Anordnung der Vollstreckung, weil es sich gezeigt hat, daß die bedingt der Regierung überlassene Person unbedingt der Erziehung von Staats

wegen bedarf, erteilt wird unter entsprechender Anwendung der Vorschriften die für die Vollstreckung wegen der Nichterfüllung einer besonderen Bedingung gelten;

6. daß mit der Aufsicht über die Erfüllung der Bedingungen der Rat für Kinderschutz beauftragt ist.

Art. 39 *ter*. Mit der Anordnung, daß der Schuldige eines Verbrechens, das als Höchststrafe mit einer Gefängnisstrafe von drei Jahren oder mehr bedroht ist, der Regierung überlassen werden soll, kann der Richter den Schuldigen zugleich zu einer Gefängnisstrafe verurteilen, die höchstens die Hälfte der Höchststrafe beträgt, mit der das Verbrechen bedroht ist. Handelt es sich um ein mit lebenslänglicher Gefängnisstrafe bedrohtes Verbrechen, so kann Gefängnis bis zu zehn Jahren verhängt werden.

Die auf Grund dieses Artikels verhängte Gefängnisstrafe wird nicht vollstreckt, bevor nicht die staatliche Sorge für die Erziehung des Schuldigen vorbehaltlos beendigt wird.

Art. 39 *quater*. Die Vollstreckung der auf Grund des vorhergehenden Artikels verhängten Gefängnisstrafe kann durch einen Beschluß des Justizministers aufgeschoben werden.

Dieser Beschluß kann vom Justizminister widerrufen werden, wenn sich der Verurteilte schlecht führt oder gegen die in seinem Urlaubsschein aufgeführten Bedingungen verstößt. Er kann vorläufig aufgehoben werden, wenn eine ernstliche Vermutung für eine derartige Führung oder ein solches Verhalten besteht.

Die Gefängnisstrafe gilt als verbüßt, wenn seit dem Tage des Beschlusses, daß die Vollstreckung aufgeschoben wird, ein Zeitraum von gleicher Dauer verstrichen ist, und in jedem Fall an dem Tag, an dem der Verurteilte das Alter von 25 Jahren erreicht hat, es sei denn, der Beschluß sei inzwischen widerrufen.

Art. 39 *quinquies*. Die Festnahme eines Verurteilten, für den ein Beschluß zum Aufschub der Vollstreckung der ihm auferlegten Gefängnisstrafe ergangen ist, kann, wenn eine begründete Vermutung dafür besteht, daß er sich schlecht geführt oder gegen die in seinem Urlaubsschein aufgeführten Bedingungen verstoßen hat, im Interesse der öffentlichen Ordnung von dem Leiter der Gemeindepolizei des Ortes, an dem er sich befindet, oder von dem Staatsanwalt, zu dessen Bezirk dieser Ort gehört, angeordnet werden, wobei die Verpflichtung besteht, das Justizministerium unverzüglich zu benachrichtigen.

Die Festnahme ist höchstens dreißig Tage wirksam. Erfolgt im Anschluß an die Festnahme eine vorläufige Aufhebung oder ein Widerruf des Beschlusses zum Aufschub der Vollstreckung der auferlegten Gefängnisstrafe, so gilt die Vollstreckung als am Tage der Festnahme begonnen.

Art. 39 *sexies*. Das Formular für den Urlaubsschein und weitere Vorschriften zur Ausführung der Artikel 39 *quater* und 39 *quinquies* werden durch allgemeine Verwaltungsverordnung festgestellt.

Art. 39 *septies*. Findet Artikel 38 oder Artikel 39 keine Anwendung, so wird der Minderjährige, der einer unter die Bestimmung über ein Verbrechen fallenden Tat schuldig ist, mit Unterbringung in einer Erziehungsanstalt, mit Geldstrafe oder mit einem Verweis bestraft, wenn er zur Zeit der Verkündung des Endurteils im ersten Rechtszuge das Alter von vierzehn Jahren noch nicht erreicht hat, und mit Unterbringung in einer Erziehungsanstalt oder mit Geldstrafe, wenn er zu diesem Zeitpunkt das Alter von vierzehn Jahren, jedoch noch nicht von achtzehn Jahren erreicht hat.

Findet Artikel 38 oder Artikel 39 keine Anwendung, so wird der Minderjährige, der zur Zeit der Verkündung des Endurteils im ersten Rechtszuge das Alter von achtzehn Jahren noch nicht erreicht hat und einer unter die Bestimmung über eine Übertretung fallenden Tat schuldig ist, mit einem Verweis bestraft.

Sind zur Zeit der Begehung der Übertretung noch keine zwei Jahre verstrichen, seit dieselbe Person rechtskräftig einer Straftat schuldig erklärt worden ist, so kann an Stelle des Verweises die Strafe der Unterbringung in einer Erziehungsanstalt oder Geldstrafe verhängt werden.

Die in Artikel 9 b) Nr. 1, 2 und 4 genannten Nebenstrafen werden nicht verhängt, wenn der Schuldige zur Zeit der Verkündung des Endurteils im ersten Rechtszuge das Alter von achtzehn Jahren noch nicht erreicht hat.

Bei Minderjährigen, die das Alter von sechzehn, jedoch noch nicht von achtzehn Jahren erreicht haben, kann der Richter die vorhergehenden Bestimmungen dieses Artikels außer Anwendung lassen und nach den Bestimmungen für über achtzehn Jahre alte Personen Recht sprechen, mit der Maßgabe jedoch, daß die Verhängung von Haft einschließlich Ersatzhaft ausgeschlossen bleibt.

Art. 39 ***octies.*** Im Falle der Verurteilung zur Unterbringung in einer Erziehungsanstalt findet Artikel 14*a* entsprechende Anwendung.

Die bedingte Unterbringung in einer Erziehungsanstalt kann neben oder an Stelle der Strafe des Verweises verhängt werden, auch wenn dieser im übrigen die einzige anwendbare Hauptstrafe ist.

Die Bestimmungen des Artikels 39 *bis a* Absatz 2 Nr. 1 bis einschließlich Nr. 4 und Nr. 6 finden Anwendung.

Art. 39 ***novies.*** Die Bestimmungen der Artikel 15—17 finden auf die zur Unterbringung in einer Erziehungsanstalt Verurteilten entsprechende Anwendung mit der Maßgabe:

1. daß ihre bedingte Freilassung möglich ist, wenn zwei Drittel ihrer wirklichen Strafzeit und zugleich mindestens sechs Monate davon verstrichen sind;
2. daß mit der Aufsicht über die Erfüllung der Bedingungen der Rat für Kinderschutz beauftragt ist.

Art. 39 ***decies.*** Bei strafrechtlicher Verfolgung einer minderjährigen Person wegen einer Tat, die unter die Bestimmung über ein Verbrechen oder über eine Übertretung gemäß den Artikeln 432, 433 und 434 fällt, kann der Richter, wenn die Untersuchung dazu Anlaß gibt, den Schuldigen in seinem Urteil für die Dauer von höchstens einem Jahr wegen des in Artikel 365 des Bürgerlichen Gesetzbuches[1]) bezeichneten Grundes unter Aufsicht stellen.

So bald wie möglich, nachdem das Urteil, das die unter Aufsicht Stellung enthält, rechtskräftig geworden ist, gibt die Staatsanwaltschaft dem in Artikel 935 der Zivilprozeßordnung bezeichneten Kinderrichter davon Kenntnis, der dann, wenn möglich nach Rücksprache mit dem, der die elterliche Gewalt oder die Vormundschaft über das Kind ausübt, unverzüglich einen Schutzhelfer gemäß Artikel 366 des Bürgerlichen Gesetzbuches anweist. Von dieser Anweisung wird unverzüglich durch Zustellungsurkunde dem Elternteil oder dem Vormund mit der Mitteilung Kenntnis gegeben, daß er sich bei der Erziehung des Kindes, unbeschadet der Beschwerde beim Vormundschaftsrichter, an die Weisungen des Schutzhelfers zu halten hat.

Die Bestimmungen über die Aufsicht in den Artikeln 367, 369—373 und 418 des Bürgerlichen Gesetzbuches und in den Artikeln 942—946 der Zivilprozeß-

[1]) Artikel 365 Absatz 1 des Bürgerlichen Gesetzbuches lautet: „Wenn ein Kind so aufwächst, daß es von sittlichem oder körperlichem Verderben bedroht wird, kann der Kinderrichter es unter Aufsicht stellen."

ordnung finden hierbei Anwendung mit der Maßgabe, daß für die Berechnung der Dauer der Aufsicht der Tag der Anweisung eines Schutzhelfers als Anfang gilt.

Art. 40. Nicht strafbar ist, wer eine Tat begeht, zu der er durch einen übermächtigen Einfluß gedrängt ist.

Art. 41. Nicht strafbar ist, wer eine Tat begeht, die als notwendige Verteidigung des eigenen oder eines anderen Lebens, Schamgefühls oder einer Sache gegen einen augenblicklichen widerrechtlichen Angriff geboten ist.

Nicht strafbar ist die Überschreitung der Grenzen der notwendigen Verteidigung, wenn sie die unmittelbare Folge einer durch den Angriff verursachten heftigen Gemütsbewegung war.

Art. 42. Nicht strafbar ist, wer eine Tat zur Ausführung einer gesetzlichen Vorschrift begeht.

Art. 43. Nicht strafbar ist, wer eine Tat zur Ausführung einer amtlichen, von der dazu befugten Behörde erteilten Anordnung begeht. Eine unberechtigt erteilte amtliche Anordnung hebt die Strafbarkeit nicht auf, es sei denn, der Untergebene habe in gutem Glauben die Anordnung als berechtigt erteilt angesehen und ihre Befolgung liege im Rahmen seines Unterordnungsverhältnisses[1]).

Art. 44. Verletzt ein Beamter durch die Begehung einer Straftat eine besondere Amtspflicht oder macht er bei der Begehung einer Straftat Gebrauch von der Macht, der Gelegenheit oder den Mitteln, die ihm durch sein Amt verliehen sind, so kann die Strafe um ein Drittel erhöht werden.

Titel IV

Versuch

Art. 45. Der Versuch eines Verbrechens ist strafbar, wenn sich das Vorhaben des Täters durch einen Beginn der Ausführung offenbart hat und die Ausführung nur auf Grund von Umständen, die von seinem Willen unabhängig waren, nicht vollendet worden ist.

Der Höchstbetrag der für das Verbrechen angedrohten Hauptstrafen wird beim Versuch um ein Drittel vermindert.

Bei einem mit lebenslänglicher Gefängnisstrafe bedrohten Verbrechen wird Gefängnis bis zu fünfzehn Jahren verhängt.

Die Hauptstrafe des Verweises und die Nebenstrafen sind beim Versuch dieselben wie beim vollendeten Verbrechen.

Art. 46. Der Versuch einer Übertretung ist nicht strafbar.

[1]) Durch Gesetz vom 25. Juni 1929 (Staatsblatt 362) sind nach Artikel 43 die Artikel 43 *bis* und 43 *ter* eingefügt worden. Diese Artikel sind jedoch noch nicht in Kraft getreten. Diese Artikel lauten:

Art. 43 *bis*. Bei Verurteilung einer Person, die auf Grund mindestens dreier früherer Verurteilungen zu Gefängnisstrafen von mindestens sechs Monaten bereits zusammen vier Jahre Gefängnisstrafe verbüßt hat, zu einer Gefängnisstrafe von drei Jahren oder mehr

oder bei Verurteilung einer Person, die auf Grund früherer Verurteilungen, wie sie oben genannt sind, bereits zusammen sechs Jahre Gefängnisstrafe verbüßt hat, zu einer Gefängnisstrafe von zwei Jahren oder mehr

oder bei Verurteilung einer Person, die auf Grund früherer Verurteilungen, wie sie oben genannt sind, bereits zusammen acht Jahre Gefängnisstrafe verbüßt hat, zu einer Gefängnisstrafe von einem Jahr oder mehr

kann der Richter, wenn dieses zur Verhütung weiterer Verbrechen für notwendig und auch im übrigen unter den gegebenen Umständen für gerechtfertigt zu erachten ist, außerdem anordnen, daß der Verurteilte nach Verbüßung der ihm auferlegten Gefängnisstrafe in Verwahrung gehalten werden soll. In diesem Fall ist hinsichtlich dieser Gefängnisstrafe eine bedingte Freilassung ausgeschlossen.

Art. 43 *ter*. Die Verwahrung wird für eine durch den Richter zu bestimmende Dauer von mindestens fünf und höchstens zehn Jahren angeordnet.

Bestimmungen zur Regelung der Art der Pflege in den Verwahrungsanstalten und über die bedingte oder vorbehaltlose Beendigung der Verwahrung werden nach den durch Gesetz aufzustellenden Grundsätzen durch allgemeine Verwaltungsverordnung festgestellt.

Titel V

Teilnahme an Straftaten

Art. 47. Als Täter einer Straftat werden bestraft:

1. diejenigen, die die Tat verüben, verüben lassen oder mitverüben;
2. diejenigen, die durch Geschenke, Versprechungen, Machtmißbrauch, Gewalt, Drohung oder Täuschung oder durch das Verschaffen von Gelegenheit, Mitteln oder Auskünften zu der Tat vorsätzlich anstiften.

Für die Letztgenannten kommen nur die Handlungen, zu denen sie vorsätzlich angestiftet haben, sowie deren Folgen in Betracht.

Art. 48. Als Gehilfen eines Verbrechens werden bestraft:

1. diejenigen, die vorsätzlich bei der Begehung des Verbrechens behilflich sind;
2. diejenigen, die vorsätzlich Gelegenheit, Mittel oder Auskünfte zur Begehung des Verbrechens verschaffen.

Art. 49. Der Höchstbetrag der für das Verbrechen angedrohten Hauptstrafen wird bei Beihilfe um ein Drittel vermindert.

Bei einem mit lebenslänglicher Gefängnisstrafe bedrohten Verbrechen wird Gefängnis bis zu fünfzehn Jahren verhängt.

Die Hauptstrafe des Verweises und die in Artikel 9 b) Nr. 1, 3 und 4 genannten Nebenstrafen sind für Beihilfe dieselben wie für das Verbrechen selbst.

Bei der Festsetzung der Strafe kommen allein die Handlungen, die der Gehilfe vorsätzlich erleichtert oder gefördert hat, sowie deren Folgen in Betracht.

Art. 50. Die persönlichen Umstände, durch die die Strafbarkeit ausgeschlossen, vermindert oder erhöht wird, kommen bei Anwendung des Strafgesetzes allein für den Täter oder Gehilfen in Betracht, den sie persönlich betreffen.

Art. 51. In den Fällen, in denen wegen einer Übertretung Strafe für Vorsteher, Vorstands- oder Aufsichtsratsmitglieder angedroht ist, wird gegen den Angehörigen des Vorstands oder des Aufsichtsrats keine Strafe ausgesprochen, bei dem sich zeigt, daß die Übertretung ohne sein Zutun verübt worden ist.

Art. 52. Beihilfe an einer Übertretung ist nicht strafbar.

Art. 53. Bei Verbrechen, die mittels einer Druckschrift verübt werden, wird der Verleger als solcher nicht verfolgt, wenn die Druckschrift seinen Namen und Wohnort nennt und der Täter bekannt ist oder auf die erste Aufforderung nach Eröffnung der gerichtlichen Voruntersuchung vom Verleger genannt wird.

Diese Bestimmung findet keine Anwendung, wenn der Täter im Zeitpunkt der Herausgabe strafrechtlich nicht verfolgbar oder außerhalb des europäischen Reichsgebiets ansässig war.

Art. 54. Bei Verbrechen, die mittels einer Druckschrift verübt werden, wird der Drucker als solcher nicht verfolgt, wenn die Druckschrift seinen Namen und Wohnort nennt und die Person, auf deren Anordnung die Sache gedruckt worden ist, bekannt ist oder auf die erste Aufforderung nach Eröffnung der gerichtlichen Voruntersuchung von dem Drucker genannt wird.

Diese Bestimmung findet keine Anwendung, wenn die Person, auf deren Anordnung die Sache gedruckt worden ist, zur Zeit des Druckes strafrechtlich nicht verfolgbar oder außerhalb des europäischen Reichsgebiets ansässig war.

Titel VI

Zusammentreffen von Straftaten

Art. 55. Fällt eine Tat unter mehr als eine Strafbestimmung, so findet nur eine dieser Bestimmungen Anwendung, und zwar bei Verschiedenheit diejenige, die die schwerste Hauptstrafe androht.

Wenn für eine Tat, die unter eine allgemeine Strafbestimmung fällt, eine besondere Strafbestimmung besteht, so kommt diese allein in Betracht.

Art. 56. Stehen mehrere Taten, obschon jede für sich selbst ein Verbrechen oder eine Übertretung darstellt, in einem solchen Zusammenhang, daß sie als eine fortgesetzte Handlung angesehen werden müssen, so wird nur eine Strafbestimmung angewendet, und zwar bei Verschiedenheit diejenige, die die schwerste Hauptstrafe androht.

Desgleichen findet nur eine Strafbestimmung Anwendung bei Verurteilung wegen Fälschung oder Münzverringerung und wegen Gebrauchs des Gegenstandes, an dem die Fälschung oder die Münzverringerung erfolgt ist.

Art. 57. Beim Zusammentreffen mehrerer Taten, die als selbständige Handlungen angesehen werden müssen und mehrere Verbrechen darstellen, die mit gleichartigen Hauptstrafen bedroht sind, wird nur eine Strafe ausgesprochen.

Der Höchstbetrag dieser Strafe ist der Gesamtbetrag der höchsten für diese Taten angedrohten Strafen, jedoch nicht höher als ein Drittel über dem Höchstbetrag der schwersten Einzelstrafe.

Art. 58. Beim Zusammentreffen mehrerer Taten, die als selbständige Handlungen angesehen werden müssen und mehrere Verbrechen darstellen, die mit ungleichartigen Hauptstrafen bedroht sind, wird jede dieser Strafen ausgesprochen, jedoch dürfen diese zusammen die längstdauernde nicht um mehr als ein Drittel übersteigen.

Geldstrafen werden dabei nach der Höchstdauer der angedrohten Ersatzhaft berechnet.

Art. 59. Bei Verurteilung zu lebenslänglicher Gefängnisstrafe können daneben keine anderen Strafen als Entziehung bestimmter Rechte, Einziehung bereits beschlagnahmter Gegenstände und Veröffentlichung des richterlichen Urteils verhängt werden.

Art. 60. In den Fällen der Artikel 57 und 58 gelten für Nebenstrafen die folgenden Bestimmungen:

1. die Strafen der Entziehung derselben Rechte werden in eine Strafe umgewandelt, die in ihrer Dauer die verhängte Hauptstrafe oder die verhängten Hauptstrafen um mindestens zwei und höchstens fünf Jahre übersteigt oder, wenn keine andere Hauptstrafe als Geldstrafe verhängt worden ist, in eine Strafe von mindestens zwei und höchstens fünf Jahren;
2. die Strafen der Entziehung verschiedener Rechte werden für jedes Verbrechen gesondert und ohne Minderung verhängt;
3. die Strafen der Einziehung bestimmter Gegenstände werden für jedes Verbrechen gesondert und ohne Minderung verhängt; die Ersatzfreiheitsstrafen dürfen zusammen die Höchstbeträge, wie sie in Artikel 23 Absatz 5 bestimmt sind, um nicht mehr als ein Drittel übersteigen.

Art. 61. Die verhältnismäßige Schwere ungleichartiger Hauptstrafen wird durch die Reihenfolge in Artikel 9 bestimmt.

Wo dem Richter die Wahl zwischen zwei Hauptstrafen überlassen ist, kommt beim Vergleich nur die schwerste dieser Strafen in Betracht.

Die verhältnismäßige Schwere gleichartiger Hauptstrafen wird durch den Höchstbetrag bestimmt.

Die verhältnismäßige Dauer von ungleichartigen und gleichartigen Hauptstrafen wird ebenfalls durch den Höchstbetrag bestimmt.

Art. 62. Beim Zusammentreffen in der in den Artikeln 57 und 58 genannten Weise von Übertretung mit Verbrechen oder von Übertretungen miteinander, wird für jede Übertretung ohne Minderung Strafe verhängt.

Die Ersatzfreiheitsstrafen dürfen für Verbrechen und Übertretungen oder für Übertretungen insgesamt die Höchstbeträge, wie sie in Artikel 23 Absatz 5 bestimmt sind, um nicht mehr als ein Drittel übersteigen.

Die als Hauptstrafe verhängten Haftstrafen dürfen für Übertretungen insgesamt die Dauer von acht Monaten nicht übersteigen.

Die Strafen der Unterbringung in einem staatlichen Arbeitshaus werden in eine Strafe umgewandelt, deren Dauer in den Grenzen des Artikels 32 zu bestimmen ist.

Art. 63. Wenn jemand nach Verurteilung zur Strafe erneut eines vor der Verurteilung verübten Verbrechens oder einer solchen Übertretung schuldig erklärt wird, so wird die frühere Strafe unter Anwendung der Bestimmungen dieses Titels für den Fall gleichzeitiger Aburteilung in Anrechnung gebracht.

Titel VII

Stellung und Zurücknahme des Antrags bei Verbrechen, die nur auf Antrag verfolgbar sind

Art. 64. Wenn ein Verbrechen, das nur auf Antrag verfolgbar ist, gegen jemanden verübt worden ist, der das Alter von sechzehn Jahren noch nicht erreicht hat oder der aus anderen Gründen als wegen Verschwendung entmündigt ist, so wird der Antrag von seinem gesetzlichen Vertreter in bürgerlichen Angelegenheiten gestellt.

Ist dieser die Person, gegen den der Antrag zu stellen ist, so kann die Verfolgung stattfinden auf Antrag des Gegenvormundes oder Gegenkurators, des Ehegatten, eines Blutsverwandten in gerader Linie oder, falls diese nicht vorhanden sind, eines Blutsverwandten in der Seitenlinie bis zum dritten Grad einschließlich.

Art. 65. Wenn derjenige, gegen den das Verbrechen verübt worden ist, innerhalb der im folgenden Artikel festgesetzten Frist stirbt, kann ohne Verlängerung dieser Frist die Verfolgung auf Antrag der Eltern, der Kinder oder des überlebenden Ehegatten stattfinden, es sei denn, der Verstorbene habe erweislich eine Verfolgung nicht gewollt.

Art. 66. Der Antrag kann nur innerhalb von drei Monaten, nachdem der Antragsberechtigte von der verübten Tat Kenntnis erlangt hat, gestellt werden, wenn er sich in Europa aufhält, oder innerhalb von neun Monaten, nachdem er davon Kenntnis erlangt hat, wenn er sich außerhalb Europas aufhält.

Art. 67. Wer den Antrag stellt, kann ihn innerhalb von acht Tagen nach dem Tag der Antragstellung zurücknehmen.

Art. 67*a*. Wenn wegen eines Beleidigungsverbrechens, das nur auf Antrag verfolgbar ist, kein Antrag gestellt wird, kann die Staatsanwaltschaft, wenn sie es aus Gründen des öffentlichen Interesses für wünschenswert erachtet, während und nach Ablauf der Antragsfrist den Antragsberechtigten davon benachrichtigen, daß die Strafverfolgung einsetzen soll, es sei denn, daß von ihm innerhalb von acht Tagen nach Empfang dieser Nachricht oder innerhalb eines Monats, wenn er sich beim Empfang dieser Nachricht außerhalb Europas befindet, der Bescheid eingeht, daß seinerseits gegen eine Strafverfolgung Bedenken bestehen. Dieser Bescheid kann innerhalb von acht Tagen nach Eingang zurückgenommen werden. Falls kein Bescheid, daß Bedenken bestehen, eingeht, ersetzt dies den Strafantrag.

Wenn mehrere Personen antragsberechtigt sind, erhält jede von ihnen eine Benachrichtigung. Eine Strafverfolgung ohne Antrag ist ausgeschlossen, wenn zwei oder mehr von ihnen einen Bescheid, daß Bedenken bestehen, übersenden.

Titel VIII

Erlöschen des Rechts zur Strafverfolgung und der Strafe

Art. 68. Vorbehaltlich der Fälle, in denen richterliche Urteile der Wiederaufnahme unterliegen, kann niemand nochmals wegen einer Tat verfolgt werden, über die für ihn durch Urteil eines niederländischen Richters oder eines Richters in den Kolonien und Besitzungen des Reiches in anderen Erdteilen rechtskräftig entschieden worden ist.

Ist das Urteil durch einen anderen Richter ergangen, so findet gegen dieselbe Person wegen derselben Tat keine Verfolgung statt:

1. bei Freispruch oder Enthebung von der Verfolgung;
2. bei Verurteilung mit anschließender vollständiger Vollstreckung, Begnadigung oder Verjährung der Strafe.

Art. 69. Das Recht zur Strafverfolgung erlischt mit dem Tode des Beschuldigten.

Art. 70. Das Recht zur Strafverfolgung erlischt durch Verjährung:

1. in zwei Jahren für alle Übertretungen;
2. in sechs Jahren für die Verbrechen, die mit Geldstrafe, Haft oder Gefängnisstrafe von nicht mehr als drei Jahren bedroht sind;
3. in zwölf Jahren für die Verbrechen, die mit zeitiger Gefängnisstrafe von mehr als drei Jahren bedroht sind;
4. in achtzehn Jahren für die Verbrechen, die mit lebenslänglicher Gefängnisstrafe bedroht sind.

Bei Personen, die vor der Tat das Alter von achtzehn Jahren noch nicht erreicht haben, wird jede der obengenannten Verjährungsfristen auf ein Drittel der dort bestimmten Dauer gekürzt.

Art. 71. Die Verjährungsfrist beginnt mit dem auf den Tag der Begehung der Tat folgenden Tage außer in folgenden Fällen:

1. bei Fälschung oder Münzverringerung beginnt die Frist mit dem folgenden Tag nach dem Tag, an dem von dem Gegenstand Gebrauch gemacht wurde, an dem die Fälschung oder Münzverringerung verübt worden ist;
2. bei den in den Artikeln 278, 279 und 282 bezeichneten Verbrechen mit dem Tage nach der Befreiung oder nach dem Todestage dessen, gegen den unmittelbar das Verbrechen verübt worden ist;
3. bei den in den Artikeln 465, 466 und 467 bezeichneten Übertretungen mit dem Tage, nach dem auf Grund von Artikel 22 des Bürgerlichen Gesetzbuches die dort bezeichneten Register, aus denen eine solche Übertretung ersichtlich ist, zur Geschäftsstelle des Landgerichts gebracht worden sind.

Art. 72. Jede Verfolgungshandlung unterbricht die Verjährung, jedoch nur, wenn diese dem Verfolgten bekannt war oder ihm in der für richterliche Akte vom Gesetz bestimmten Weise zugestellt worden ist.

Nach der Unterbrechung beginnt eine neue Verjährungsfrist.

Art. 73. Die Unterbrechung der Strafverfolgung zur Entscheidung einer Vorfrage hemmt die Verjährung.

Art. 74. Das Recht zur Strafverfolgung wegen Übertretungen, die nach der gesetzlichen Regelung mit Geldstrafe als alleiniger Hauptstrafe oder neben Haft bedroht sind, erlischt durch freiwillige Erfüllung der Bedingung, die der befugte Beamte der Staatsanwaltschaft auf ein vor Beginn der Hauptverhandlung eingereichtes Gesuch des Beschuldigten hin zur Abwendung der Strafverfolgung etwa gestellt hat.

Diese Bedingung besteht in der Zahlung einer bestimmten Geldsumme innerhalb einer von dem Beamten zu bestimmenden Frist und an eine durch ihn anzuweisende Stelle, mit oder ohne Auslieferung von Gegenständen, die der Einziehung unterliegen, oder Zahlung des geschätzten Wertes oder Verzicht auf schon beschlagnahmte Gegenstände. Solche Auslieferung, Zahlung oder Verzichtleistung wird stets in die Bedingung aufgenommen, wenn wegen der Tat die Einziehung hätte erfolgen müssen. Die festgesetzte Frist kann vor ihrem Ablauf einmal verlängert werden.

Die zu zahlende Geldsumme beträgt mindestens 50 Cents und höchstens den Höchstbetrag der Strafe, die nach der gesetzlichen Bestimmung für die Tat angedroht ist.

Ist die Übertretung nach der gesetzlichen Bestimmung mit keiner anderen Hauptstrafe als Geldstrafe bedroht und bietet der Beschuldigte an, innerhalb der von dem Beamten der Staatsanwaltschaft zu bestimmenden Frist den Höchstbetrag der Strafe zu zahlen und die der Einziehung unterliegenden Gegenstände auszuliefern, auf sie zu verzichten oder ihren geschätzten Wert zu entrichten, so soll der Beamte die Auferlegung einer dahingehenden Bedingung nicht verweigern dürfen.

In den Fällen, in denen die Strafe wegen Rückfalls erhöht wird, findet die Erhöhung auch statt, wenn das Recht zur Strafverfolgung wegen der früher begangenen Übertretung gemäß dem ersten Absatz erloschen ist. Für die Anwendung der Artikel 14*f* und 14*h* wird das Erlöschen des Rechts auf Strafverfolgung gemäß dem ersten Absatz mit einer rechtskräftigen Verurteilung gleichgestellt.

Für eine minderjährige Person, die zur Zeit der Begehung der Tat das Alter von achtzehn Jahren noch nicht erreicht hat, gilt bei Anwendung des dritten und vierten Absatzes in Abweichung von dem dort Bestimmten als Höchstbetrag der Strafe ein Betrag von neunzig Gulden.

Art. 75. Das Recht zur Strafvollstreckung erlischt mit dem Tode des Verurteilten.

Art. 76. Das Recht zur Strafvollstreckung erlischt durch Verjährung.

Die Frist dieser Verjährung ist um ein Drittel länger als die Verjährung des Rechts zur Strafverfolgung. In keinem Fall ist die Frist kürzer als die Dauer der verhängten Strafe.

Wenn vor der Vollstreckung der Strafe der Verurteilte, der zur Zeit seiner Verurteilung noch nicht achtzehn Jahre alt war, das Alter von einundzwanzig Jahren erreicht hat, so beantragt der, der mit der Vollstreckung beauftragt ist, daß der Richter, der die Strafe verhängt hat, die Dauer der Gefängnisstrafe oder der Haft oder den Betrag der Geldstrafe, die für die Tat angedroht ist, festsetzen soll; diese Strafen treten dann an die Stelle der früher verhängten Strafen [1]). Diese Bestimmung findet keine Anwendung für eine dem Verurteilten auferlegte Gefängnisstrafe.

---

[1]) Also der Strafen für Jugendliche.

Art. 77. Die Verjährungsfrist beginnt mit dem auf den Tag, an dem das richterliche Urteil vollstreckt werden kann, folgenden Tage.

Bei Flucht eines Verurteilten aus der Anstalt oder Einrichtung, in der er seine Strafe verbüßt, beginnt mit dem Tag nach dem Tage der Flucht eine neue Verjährungsfrist. Bei Widerruf einer bedingten Freilassung beginnt einen Tag nach dem Tage des Widerrufs eine neue Verjährungsfrist.

Die Frist ruht während der vom Gesetz angeordneten Unterbrechung der Vollstreckung und während der Zeit, in der sich der Verurteilte, sei es auch wegen einer anderen Verurteilung, nicht in Freiheit befindet.

Für eine Person, die sich der Vollstreckung der gegen sie erlassenen Anordnung gemäß Artikel 39*ter* entzieht, beginnt die Frist für die Verjährung der ihr ebenfalls nach den Bestimmungen dieses Artikels auferlegten Gefängnisstrafe mit dem Tag nach dem Tage, an dem sie das Alter von einundzwanzig Jahren erreicht hat.

Art. 77*bis*. Die Strafe der Unterbringung in einer Erziehungsanstalt als Ersatz für die Auslieferung eingezogener Gegenstände wird nicht vollzogen, wenn der Verurteilte durch von seinem Willen unabhängige Umstände tatsächlich gehindert war, die eingezogenen Gegenstände auszuliefern oder den Geldbetrag, auf den sie im Urteil geschätzt worden waren, zu zahlen.

Titel IX

Bedeutung einiger im Gesetzbuch vorkommender Ausdrücke

Art. 78. Wo von Verbrechen im allgemeinen oder von einem Verbrechen im besonderen gesprochen wird, ist darunter auch Beihilfe an oder Versuch zu diesem Verbrechen einbegriffen, sofern sich nicht aus irgendeiner Bestimmung das Gegenteil ergibt.

Art. 79. Der Anschlag zu einer Tat liegt vor, sobald sich das Vorhaben des Täters durch einen Beginn der Ausführung im Sinne des Artikels 45 offenbart hat.

Art. 80. Eine Verschwörung liegt vor, sobald zwei oder mehr Personen übereingekommen sind, das Verbrechen zu verüben.

Art. 80*bis*. Unter Umsturz wird die Vernichtung oder Veränderung der verfassungsmäßigen Regierungsform oder der Ordnung der Thronfolge auf ungesetzliche Weise verstanden.

Art. 80*ter*. Unter verbotenem Ort wird jeder Ort verstanden, der durch das Gesetz zum Schutz von Staatsgeheimnissen als verbotener Ort bezeichnet ist.

Art. 81. Der Anwendung von Gewalt wird das Versetzen in einen Zustand der Bewußtlosigkeit oder Ohnmacht gleichgestellt.

Art. 82. Unter einer schweren Körperverletzung wird verstanden: Krankheit, die keine Aussicht auf völlige Genesung bietet, dauernde Unfähigkeit zur Ausübung seiner Amts- oder Berufsverrichtungen, eine Abtreibung oder der Tod der Leibesfrucht einer Frau.

Unter einer schweren Körperverletzung wird auch die Störung der Verstandestätigkeit verstanden, die länger als vier Wochen gedauert hat.

Art. 83. Niederländer ist, wer diesen Status auf Grund des Gesetzes über die niederländische Staatsangehörigkeit und die Inländereigenschaft besitzt.

Dem Niederländer steht jeder andere gleich, dessen Auslieferung durch Gesetz verboten ist.

Art. 83 *bis*. Unter Bevölkerung werden alle verstanden, die sich innerhalb des europäischen Reichsgebiets befinden.

Art. 84. Als Beamte werden auch alle die Personen angesehen, die durch nach gesetzlicher Vorschrift ausgeschriebene Wahlen gewählt worden sind.

Unter Beamten und unter Richtern werden auch Schiedsrichter verstanden; unter Richtern auch die, die Verwaltungsgerichtsbarkeit ausüben.

Alle zu den Streitkräften gehörende Personen werden mit als Beamte angesehen.

Art. 84 *bis*. Unter Kaufmann wird jeder verstanden, der ein Gewerbe ausübt.

Art. 85. Unter Kapitän wird jeder Befehlshaber eines Wasserfahrzeuges oder derjenige, der ihn vertritt, verstanden.

Mitfahrende sind, mit Ausnahme des Kapitäns, alle, die sich an Bord befinden.

Angehörige der Besatzung sind alle, die sich als Schiffsoffiziere oder Mannschaftsangehörige an Bord befinden.

Art. 86. Als niederländische Schiffe werden nur die Wasserfahrzeuge angesehen, die durch das Gesetz über die Erteilung von Seebriefen und die Erlaubnis zum Führen der niederländischen Flagge als Seeschiffe betrachtet werden.

Art. 87. Unter Feind werden auch Aufständische verstanden.

Unter Krieg wird auch Bürgerkrieg verstanden.

Als Kriegszeit wird auch die Zeit angesehen, in der Krieg droht. Als Kriegszeit gilt auch die Zeit, in der Wehrpflichtige außerordentlich zum Dienst einberufen werden und solange sie außerordentlich im Dienst bleiben.

Art. 88. Unter Tag wird eine Zeit von vierundzwanzig Stunden und unter Monat eine Zeit von dreißig Tagen verstanden.

Art. 89. Unter Einsteigen wird auch Untergraben sowie das Überschreiten von Gräben und Kanälen, die zur Abschließung dienen, verstanden.

Art. 90. Unter falschen Schlüsseln werden alle Werkzeuge verstanden, die nicht zum Öffnen des Schlosses bestimmt sind.

Art. 90 *bis*. Unter Trödler wird verstanden, wer berufs- oder gewohnheitsmäßig gebrauchte Waren aufkauft.

Unter Aufkaufen werden auch alle die wie auch immer bezeichneten Handlungen verstanden, mit denen offenkundig dasselbe bezweckt wird.

Art. 90 *ter*. Unter Elektrizitätsanlagen werden Anlagen, die zur Erzeugung, Leitung, Umformung oder Lieferung von Elektrizität dienen, und die damit in Zusammenhang stehenden Sicherungs-, Befestigungs-, Stützungs- und Warnungsanlagen verstanden.

Unter Elektrizitätsanlagen werden keine Telegraphen- oder Telephonanlagen verstanden.

Schlußbestimmung

Art. 91. Die Vorschriften der ersten acht Titel dieses Buches finden auch Anwendung auf Taten, die durch andere Gesetze und Verordnungen mit Strafe bedroht sind, es sei denn, das Gesetz bestimme etwas anderes.

ZWEITES BUCH

Verbrechen

Titel I

Verbrechen gegen die Sicherheit des Staates

Art. 92. Der Anschlag, der in der Absicht unternommen wird, den König, die regierende Königin oder den Regenten zu töten, der Freiheit zu berauben oder regierungsunfähig zu machen, wird mit lebenslänglicher Gefängnisstrafe oder mit Gefängnis bis zu zwanzig Jahren bestraft.

Art. 93. Der Anschlag, der in der Absicht unternommen wird, das Reich ganz oder teilweise unter fremde Herrschaft zu bringen oder einen Teil davon abzutrennen, wird mit lebenslänglicher Gefängnisstrafe oder mit Gefängnis bis zu zwanzig Jahren bestraft.

Art. 94. Der Anschlag, der in der Absicht unternommen wird, die verfassungsmäßige Regierungsform oder die Ordnung der Thronfolge zu beseitigen oder auf ungesetzliche Weise zu verändern, wird mit lebenslänglicher Gefängnisstrafe oder mit Gefängnis bis zu zwanzig Jahren bestraft.

Art. 95. Wer mit Gewalt oder Drohung mit Gewalt eine Versammlung des Staatsrats sprengt, sie zwingt, einen Beschluß zu fassen oder nicht zu fassen, ein Mitglied aus der Versammlung entfernt oder vorsätzlich ein Mitglied hindert, der Versammlung beizuwohnen oder darin frei und unbehindert seine Pflicht zu erfüllen, wird mit lebenslänglicher Gefängnisstrafe oder Gefängnis bis zu zwanzig Jahren bestraft.

Art. 95*a*. Wer mit Gewalt oder Drohung mit Gewalt eine Versammlung des Ministerrats sprengt, sie zwingt, einen Beschluß zu fassen oder nicht zu fassen, ein Mitglied aus der Versammlung entfernt oder vorsätzlich ein Mitglied hindert, der Versammlung beizuwohnen oder darin frei und unbehindert seine Pflicht zu erfüllen, wird mit lebenslänglicher Gefängnisstrafe oder Gefängnis bis zu zwanzig Jahren bestraft.

Art. 96. Die Verschwörung zu einem der in den Artikeln 92—95*a* bezeichneten Verbrechen wird mit Gefängnis bis zu zehn Jahren bestraft.

Dieselbe Strafe findet für den Anwendung, der in der Absicht, eines der in den Artikeln 92—95*a* bezeichneten Verbrechen vorzubereiten oder zu fördern:

1. einen anderen zu bewegen trachtet, das Verbrechen zu verüben, verüben zu lassen oder mitzuverüben, dabei behilflich zu sein oder dazu Gelegenheit, Mittel oder Auskünfte zu verschaffen;
2. sich oder anderen Gelegenheit, Mittel oder Auskünfte zur Begehung des Verbrechens zu verschaffen trachtet;
3. Gegenstände in Besitz hat, von denen er weiß, daß sie zur Begehung des Verbrechens bestimmt sind;
4. Pläne zur Ausführung des Verbrechens, die dazu bestimmt sind, anderen mitgeteilt zu werden, anfertigt oder in seinem Gewahrsam hat;
5. eine Maßnahme, die auf Veranlassung der Regierung getroffen wird, um die Ausführung des Verbrechens zu verhindern oder niederzuschlagen, zu verhindern, zu behindern oder unwirksam zu machen trachtet.

Die im vorhergehenden Absatz genannten Gegenstände können eingezogen werden.

Nicht strafbar ist derjenige, von dem sich erweist, daß seine Absicht lediglich auf die Vorbereitung oder Förderung politischer Veränderungen im allgemeinen Sinne gerichtet ist.

Art. 97. Wer mit einer ausländischen Macht in der Absicht in Verbindung tritt, sie zu Feindseligkeiten oder zum Kriege gegen den Staat zu bewegen, sie in dem Vorhaben dazu zu bestärken, ihr dazu Hilfe zuzusagen oder bei der Vorbereitung Hilfe zu leisten, wird mit lebenslänglicher Gefängnisstrafe oder mit Gefängnis bis zu zwanzig Jahren bestraft.

Handlungen zur Vorbereitung eines Verbrechens, wie es im vorhergehenden Absatz bezeichnet ist, werden mit Gefängnis bis zu zehn Jahren bestraft.

Art. 97*a*. Wer mit einer im Ausland ansässigen Person oder einem im Ausland ansässigen Organ in der Absicht in Verbindung tritt, eine solche Person oder ein solches Organ zu bewegen, Unterstützung zur Vorbereitung, Förderung oder Herbeiführung eines Umsturzes zu verschaffen, eine solche Person oder ein solches Organ in dem Vorhaben dazu zu bestärken oder einer solchen Person oder einem solchen Organ dabei Hilfe zuzusagen oder zu leisten, oder einen Umsturz vorzubereiten, zu fördern oder herbeizuführen, wird mit lebenslänglicher Gefängnisstrafe oder Gefängnis bis zu zwanzig Jahren bestraft.

Art. 97*b*. Mit Gefängnis bis zu zehn Jahren wird bestraft:

1. wer einen Gegenstand einführt, der geeignet ist, materielle Unterstützung zur Vorbereitung, Förderung oder Herbeiführung eines Umsturzes zu verschaffen, wenn er weiß oder ernstliche Gründe zu der Vermutung hat, daß der Gegenstand dazu bestimmt ist;
2. wer einen Gegenstand, der geeignet ist, materielle Unterstützung zur Vorbereitung, Förderung oder Herbeiführung eines Umsturzes zu verschaffen, in seinem Gewahrsam hat oder zum Inhalt einer Vereinbarung macht, wenn er weiß oder ernstliche Gründe zu der Vermutung hat, daß er dazu bestimmt ist und daß der Gegenstand oder ein anderer, an dessen Stelle er getreten ist, mit dieser Bestimmung eingeführt worden ist oder von einer im Ausland ansässigen Person oder einem im Ausland ansässigen Organ oder auf deren Veranlassung dazu bestimmt ist.

Die Gegenstände, mit denen oder in Beziehung auf die die im vorhergehenden Absatz bezeichneten Verbrechen begangen worden sind, können eingezogen werden.

Art. 98. Wer eine Angabe, deren Geheimhaltung im Interesse des Staates geboten ist, darin einbegriffen einen Gegenstand, dem eine solche Angabe entnommen werden kann, vorsätzlich einer zur Kenntnisnahme nicht berechtigten Person oder einem zur Kenntnisnahme nicht berechtigten Organ mitteilt oder zur Verfügung stellt, wird, wenn er weiß oder vernünftigerweise vermuten muß, daß es sich um eine solche Angabe handelt, mit Gefängnis bis zu sechs Jahren bestraft.

Mit derselben Strafe wird bestraft, wer eine Angabe, die einen verbotenen Ort betrifft und sich auf die Sicherheit des Staates bezieht, darin einbegriffen einen Gegenstand, dem eine solche Angabe entnommen werden kann, vorsätzlich einer zur Kenntnisnahme nicht berechtigten Person oder einem zur Kenntnisnahme nicht berechtigten Organ mitteilt oder zur Verfügung stellt, wenn er weiß oder vernünftigerweise vermuten muß, daß es sich um eine solche Angabe handelt.

Art. 98*a*. Wer eine in Artikel 98 genannte Angabe vorsätzlich veröffentlicht oder, ohne dazu berechtigt zu sein, vorsätzlich einer ausländischen Macht, einer im Ausland ansässigen Person oder einem im Ausland ansässigen Organ oder auch einer solchen Person oder einem solchen Organ mitteilt oder zur Verfügung stellt, bei denen die Gefahr besteht, daß die Angabe einer ausländischen Macht oder einer im Ausland ansässigen Person oder einem im Ausland ansässigen Organ bekannt wird, wird, wenn er weiß oder vernünftigerweise vermuten muß, daß es sich um eine solche Angabe handelt, mit Gefängnis bis zu fünfzehn Jahren bestraft.

Hat der Schuldige in Kriegszeit oder im Dienst oder Auftrag einer ausländischen Macht oder einer im Ausland ansässigen Person oder eines im Ausland ansässigen Organs gehandelt, so kann lebenslängliche Gefängnisstrafe oder Gefängnis bis zu zwanzig Jahren verhängt werden.

Handlungen zur Vorbereitung eines Verbrechens, wie es in den vorhergehenden Absätzen bezeichnet ist, werden mit Gefängnis bis zu sechs Jahren bestraft.

Art. 98*b*. Wer fahrlässig bewirkt, daß eine in Artikel 98 genannte Angabe veröffentlicht wird oder in die Verfügungsgewalt einer zu deren Kenntnisnahme nicht berechtigten Person oder eines zu deren Kenntnisnahme nicht berechtigten Organs gelangt, wird mit Gefängnis oder Haft bis zu einem Jahr bestraft.

Art. 98*c*. Mit Gefängnis bis zu sechs Jahren wird bestraft:

1. wer vorsätzlich eine in Artikel 98 genannte Angabe, ohne dazu berechtigt zu sein, in seinen Gewahrsam bringt oder in seinem Gewahrsam behält;
2. wer eine Handlung vornimmt, die in der Absicht unternommen wird, die Verfügungsgewalt über eine in Artikel 98 genannte Angabe zu erlangen, ohne dazu berechtigt zu sein;
3. wer heimlich, unter einem Vorwand, mit Hilfe einer Verkleidung oder auf einem anderen als dem gewöhnlichen Wege an oder in einen verbotenen Ort gelangt oder zu gelangen trachtet, sich dort in dieser Weise aufhält oder sich in einer dieser Weisen oder mit Hilfe eines dieser Mittel von dort entfernt oder zu entfernen trachtet.

Die Bestimmung unter Nr. 3 findet keine Anwendung, wenn es sich für den Richter erweist, daß der Täter nicht in der unter Nr. 2 genannten Absicht gehandelt hat.

Art. 99. Wer eine ihm auf Veranlassung der Regierung aufgetragene Verhandlung mit einer ausländischen Macht vorsätzlich zum Nachteil des Staates führt, wird mit Gefängnis bis zu fünfzehn Jahren bestraft.

Art. 100. Mit Gefängnis bis zu zehn Jahren wird bestraft:

1. wer im Falle eines Krieges, in den die Niederlande nicht verwickelt sind, vorsätzlich eine Handlung vornimmt, durch die die Gefahr entsteht, daß der Staat in einen Krieg verwickelt wird, oder eine auf Veranlassung der Regierung erlassene und bekanntgemachte besondere Vorschrift zur Aufrechterhaltung der Neutralität vorsätzlich übertritt;
2. wer in Kriegszeit eine auf Veranlassung der Regierung im Interesse der Sicherheit des Staates erlassene und bekanntgemachte Vorschrift vorsätzlich übertritt.

Art. 101. Der Niederländer, der in der Voraussicht eines Krieges mit einer ausländischen Macht freiwillig bei dieser Macht in Kriegsdienste tritt, wird, wenn der Krieg ausbricht, mit Gefängnis bis zu fünfzehn Jahren bestraft.

Art. 102. Mit lebenslänglicher Gefängnisstrafe oder mit Gefängnis bis zu zwanzig Jahren wird bestraft, wer vorsätzlich in Kriegszeit dem Feinde Hilfe leistet oder den Staat gegenüber dem Feinde schädigt.

Art. 103. Die Verschwörung zu dem in Artikel 102 bezeichneten Verbrechen wird mit Gefängnis bis zu zehn Jahren bestraft.

Art. 103 *a*. Nicht strafbar ist, wer eines der in den Artikeln 102 und 103 bezeichneten Verbrechen in der begründeten Überzeugung, den niederländischen Interessen nicht zu schaden, begangen hat.

Art. 104. Mit Gefängnis bis zu sechs Jahren wird bestraft, wer in Kriegszeit ohne die Absicht, dem Feind Hilfe zu leisten oder den Staat gegenüber dem Feinde zu schädigen, vorsätzlich:

1. einen Spion des Feindes aufnimmt, verbirgt oder unterstützt;
2. die Fahnenflucht eines im Dienst des Staates stehenden Soldaten herbeiführt oder fördert.

Art. 105. Wer in Kriegszeit eine betrügerische Handlung bei der Lieferung des Bedarfs für den Dienst der Wehrmacht verübt, wird mit Gefängnis bis zu zwölf Jahren bestraft.

Mit derselben Strafe wird bestraft, wer mit der Beaufsichtigung der Lieferung der Sachen beauftragt ist und die betrügerische Handlung vorsätzlich zuläßt.

Art. 106. Bei Verurteilung wegen des in Artikel 92 bezeichneten Verbrechens kann die Entziehung der in Artikel 28 Nr. 1—4 genannten Rechte ausgesprochen werden.

Bei Verurteilung wegen einer der in den Artikeln 93—103 bezeichneten Verbrechen kann die Entziehung der in Artikel 28 Nr. 1—3 genannten Rechte ausgesprochen werden.

Bei Verurteilung wegen des in Artikel 105 bezeichneten Verbrechens kann dem Schuldigen das Recht zur Ausübung des Berufs, in dem er das Verbrechen begangen hat, und können ihm die in Artikel 28 Nr. 1—4 genannten Rechte entzogen werden und kann die Veröffentlichung des richterlichen Urteils angeordnet werden.

Art. 107. Die Strafen, die für die in den Artikeln 102—105 bezeichneten Taten angedroht sind, finden auch Anwendung, wenn eine dieser Taten gegen oder in Beziehung auf die Bundesgenossen des Staates in einem gemeinsamen Kriege verübt wird.

Art. 107 *a*. Die Artikel 100 Nr. 2 und 101-107 finden entsprechende Anwendung im Falle eines bewaffneten Konflikts, der nicht als Krieg angesehen werden kann und in den die Niederlande zur alleinigen oder kollektiven Selbstverteidigung oder zur Herstellung des internationalen Friedens und der internationalen Sicherheit verwickelt sind.

Titel II

Verbrechen gegen die königliche Würde

Art. 108. Der Anschlag auf das Leben oder die Freiheit der nicht regierenden Königin, des Thronfolgers oder eines Mitglieds des königlichen Hauses wird mit Gefängnis bis zu fünfzehn Jahren bestraft.

Hat der Anschlag auf das Leben den Tod zur Folge oder wird er mit Vorbedacht unternommen, so wird lebenslängliche Gefängnisstrafe oder Gefängnis bis zu zwanzig Jahren verhängt.

Art. 109. Jeder tätliche Angriff auf die Person des Königs oder der Königin, der nicht unter eine schwerere Strafbestimmung fällt, wird mit Gefängnis bis zu sieben Jahren und sechs Monaten bestraft.

Art. 110. Jeder tätliche Angriff auf die Person des Thronfolgers, eines Mitglieds des königlichen Hauses oder des Regenten, der nicht unter eine schwerere Strafbestimmung fällt, wird mit Gefängnis bis zu sechs Jahren bestraft.

Art. 111. Die vorsätzliche Beleidigung des Königs oder der Königin wird mit Gefängnis bis zu fünf Jahren oder Geldstrafe bis zu sechshundert Gulden bestraft.

Art. 112. Die vorsätzliche Beleidigung des Thronfolgers, eines Mitglieds des königlichen Hauses oder des Regenten wird mit Gefängnis bis zu vier Jahren oder Geldstrafe bis zu sechshundert Gulden bestraft.

Art. 113. Wer eine Schrift oder Abbildung, in denen eine Beleidigung des Königs, der Königin, des Thronfolgers, eines Mitglieds des königlichen Hauses oder des Regenten enthalten ist, verbreitet, öffentlich ausstellt oder anschlägt oder, um verbreitet, öffentlich ausgestellt oder angeschlagen zu werden, vorrätig hat, wird, wenn er weiß oder ernstliche Gründe zu der Vermutung hat, daß in der Schrift oder der Abbildung eine solche Beleidigung enthalten ist, mit Gefängnis bis zu einem Jahr oder Geldstrafe bis zu sechshundert Gulden bestraft.

Mit derselben Strafe wird bestraft, wer in gleicher Kenntnis oder mit einem gleichen Grund zur Vermutung den Inhalt einer solchen Schrift öffentlich zu Gehör bringt.

Begeht der Schuldige eines der in diesem Artikel bezeichneten Verbrechen in seinem Beruf und sind zur Zeit der Begehung des Verbrechens noch nicht zwei Jahre verstrichen, seit eine frühere Verurteilung des Schuldigen wegen eines dieser Verbrechen rechtskräftig geworden ist, so kann ihm das Recht zur Ausübung dieses Berufes entzogen werden.

Art. 114. Bei Verurteilung wegen eines der in den Artikeln 108, 109 und 110 bezeichneten Verbrechen kann die Entziehung der in Artikel 28 Nr. 1—4 genannten Rechte ausgesprochen werden.

Bei Verurteilung wegen eines der in den Artikeln 111 und 112 bezeichneten Verbrechen kann die Entziehung der in Artikel 28 Nr. 1—3 genannten Rechte ausgesprochen werden.

Titel III

Verbrechen gegen Oberhäupter und Vertreter befreundeter Staaten

Art. 115. Der Anschlag auf das Leben oder die Freiheit eines regierenden Fürsten oder anderen Oberhauptes eines befreundeten Staates wird mit Gefängnis bis zu fünfzehn Jahren bestraft.

Hat der Anschlag auf das Leben den Tod zur Folge oder wird er mit Vorbedacht unternommen, so wird lebenslängliche Gefängnisstrafe oder Gefängnis bis zu zwanzig Jahren verhängt.

Art. 116. Jeder tätliche Angriff auf die Person eines regierenden Fürsten oder anderen Oberhauptes eines befreundeten Staates, der nicht unter eine schwerere Strafbestimmung fällt, wird mit Gefängnis bis zu sechs Jahren bestraft.

Art. 117. Die vorsätzliche Beleidigung eines regierenden Fürsten oder anderen Oberhauptes eines befreundeten Staates wird mit Gefängnis bis zu vier Jahren oder Geldstrafe bis zu sechshundert Gulden bestraft.

Art. 118. Die vorsätzliche Beleidigung eines Vertreters einer ausländischen Macht bei der niederländischen Regierung, die ihm in dieser seiner Eigenschaft zugefügt wird, wird mit Gefängnis bis zu vier Jahren oder Geldstrafe bis zu sechshundert Gulden bestraft.

Art. 119. Wer eine Schrift oder Abbildung, in denen eine Beleidigung eines regierenden Fürsten oder anderen Oberhauptes eines befreundeten Staates oder eines Vertreters einer ausländischen Macht bei der niederländischen Regierung in dieser seiner Eigenschaft enthalten ist, verbreitet, öffentlich ausstellt oder anschlägt oder, um verbreitet, öffentlich ausgestellt oder angeschlagen zu werden, vorrätig hat, wird, wenn er weiß oder ernstliche Gründe zu der Vermutung hat, daß in der Schrift oder der Abbildung eine solche Beleidigung enthalten ist, mit Gefängnis bis zu sechs Monaten oder Geldstrafe bis zu sechshundert Gulden bestraft.

Mit derselben Strafe wird bestraft, wer in gleicher Kenntnis oder mit einem gleichen Grund zur Vermutung den Inhalt einer solchen Schrift öffentlich zu Gehör bringt.

Begeht der Schuldige eines der in diesem Artikel bezeichneten Verbrechen in seinem Beruf und sind zur Zeit der Begehung des Verbrechens noch nicht zwei Jahre verstrichen, seit eine frühere Verurteilung des Schuldigen wegen eines dieser Verbrechen rechtskräftig geworden ist, so kann ihm das Recht zur Ausübung dieses Berufes entzogen werden.

Art. 120. Bei Verurteilung wegen eines der in den Artikeln 115 und 116 bezeichneten Verbrechen kann die Entziehung der in Artikel 28 Nr. 1—4 genannten Rechte ausgesprochen werden.

Bei Verurteilung wegen eines der in den Artikeln 117 und 118 bezeichneten Verbrechen kann die Entziehung der in Artikel 28 Nr. 1—3 genannten Rechte ausgesprochen werden.

Titel IV

Verbrechen, die die Ausübung von Staatspflichten und Staatsrechten betreffen

Art. 121. Wer mit Gewalt oder Drohung mit Gewalt eine Versammlung der beiden Kammern der Generalstaaten oder einer dieser Kammern sprengt, sie zwingt, einen Beschluß zu fassen oder nicht zu fassen, ein Mitglied aus der Versammlung entfernt oder vorsätzlich ein Mitglied hindert, der Versammlung beizuwohnen oder darin frei und unbehindert seine Pflicht zu erfüllen, wird mit lebenslänglicher Gefängnisstrafe oder mit Gefängnis bis zu zwanzig Jahren bestraft.

Art. 122. Die Verschwörung zu dem in Artikel 121 bezeichneten Verbrechen wird mit Gefängnis bis zu zehn Jahren bestraft.

Artikel 96 Absatz 2, 3 und 4 findet entsprechende Anwendung.

Art. 123. Wer mit Gewalt oder Drohung mit Gewalt eine Versammlung einer der Provinzialstände oder des Rates einer Gemeinde sprengt, sie zwingt, einen Beschluß zu fassen oder nicht zu fassen, oder den Vorsitzenden oder ein Mitglied aus der Versammlung entfernt, wird mit Gefängnis bis zu neun Jahren bestraft.

Art. 124. Wer mit Gewalt oder Drohung mit Gewalt vorsätzlich den Vorsitzenden oder ein Mitglied einer der Provinzialstände oder des Rates einer Gemeinde hindert, der Versammlung beizuwohnen oder darin frei und unbehindert seine Pflicht zu erfüllen, wird mit Gefängnis bis zu neun Jahren bestraft.

Art. 125. Wer bei Gelegenheit einer auf Grund gesetzlicher Vorschrift ausgeschriebenen Wahl mit Gewalt oder Drohung mit Gewalt vorsätzlich jemand hindert, sein oder eines anderen Wahlrecht frei und unbehindert auszuüben, wird mit Gefängnis bis zu einem Jahr bestraft.

Art. 126. Wer bei Gelegenheit einer auf Grund gesetzlicher Vorschrift ausgeschriebenen Wahl durch ein Geschenk oder ein Versprechen jemand besticht, sein oder eines anderen Wahlrecht nicht oder in bestimmter Weise auszuüben, wird mit Gefängnis bis zu sechs Monaten oder Geldstrafe bis zu sechshundert Gulden bestraft.

Dieselbe Strafe findet für den Wähler oder den Bevollmächtigten eines Wählers Anwendung, der sich durch ein Geschenk oder ein Versprechen zu dem einen oder anderen bestechen läßt.

Art. 127. Wer bei Gelegenheit einer auf Grund gesetzlicher Vorschrift ausgeschriebenen Wahl eine betrügerische Handlung verübt, durch die eine Stimme ungültig wird oder eine andere als die bei der Abgabe der Stimme gemeinte Person bezeichnet wird, wird mit Gefängnis bis zu sechs Monaten bestraft.

Art. 128. Wer sich vorsätzlich für einen anderen ausgibt und an einer auf Grund gesetzlicher Vorschrift ausgeschriebenen Wahl teilnimmt, wird mit Gefängnis bis zu einem Jahr bestraft.

Art. 129. Wer bei Gelegenheit einer auf Grund gesetzlicher Vorschrift ausgeschriebenen Wahl vorsätzlich eine erfolgte Abstimmung unwirksam macht oder eine betrügerische Handlung verübt, durch die die Abstimmung ein anderes Ergebnis erhält, als durch die rechtmäßig abgegebenen Stimmzettel erzielt worden wäre, wird mit Gefängnis bis zu einem Jahr und sechs Monaten bestraft.

Art. 130. Bei Verurteilung wegen eines der in den Artikeln 121 und 123 bezeichneten Verbrechen kann die Entziehung der in Artikel 28 Nr. 1—3 genannten Rechte ausgesprochen werden.

Bei Verurteilung wegen eines der in den Artikeln 122 und 124—129 bezeichneten Verbrechen kann die Entziehung der in Artikel 28 Nr. 3 genannten Rechte ausgesprochen werden.

Titel V

Verbrechen gegen die öffentliche Ordnung

Art. 131. Wer in der Öffentlichkeit mündlich oder durch eine Schrift oder Abbildung zu einer Straftat oder zu gewalttätigem Auftreten gegen die Staatsgewalt aufwiegelt, wird mit Gefängnis bis zu fünf Jahren oder Geldstrafe bis zu sechshundert Gulden bestraft.

Art. 132. Wer eine Schrift oder Abbildung, in der zu einer Straftat oder zu gewalttätigem Auftreten gegen die Staatsgewalt aufgewiegelt wird, verbreitet, öffentlich ausstellt oder anschlägt oder, um verbreitet, öffentlich ausgestellt oder angeschlagen zu werden, vorrätig hat, wird, wenn er weiß oder ernstliche Gründe zu der Vermutung hat, daß in der Schrift oder der Abbildung eine solche Aufwiegelung enthalten ist, mit Gefängnis bis zu drei Jahren oder Geldstrafe bis zu sechshundert Gulden bestraft.

Mit derselben Strafe wird bestraft, wer in gleicher Kenntnis oder mit einem gleichen Grund zur Vermutung den Inhalt einer solchen Schrift öffentlich zu Gehör bringt.

Begeht der Schuldige eines der in diesem Artikel bezeichneten Verbrechen in seinem Beruf und sind zur Zeit der Begehung des Verbrechens noch nicht fünf Jahre verstrichen, seit eine frühere Verurteilung des Schuldigen wegen eines dieser Verbrechen rechtskräftig geworden ist, so kann ihm das Recht zur Ausübung dieses Berufes entzogen werden.

Art. 133. Wer in der Öffentlichkeit mündlich oder durch eine Schrift oder Abbildung anbietet, Auskünfte, Gelegenheit oder Mittel zur Begehung einer Straftat zu verschaffen, wird mit Gefängnis bis zu sechs Monaten oder Geldstrafe bis zu sechshundert Gulden bestraft.

Art. 134. Wer eine Schrift oder Abbildung, in der angeboten wird, Auskünfte, Gelegenheit oder Mittel zur Begehung einer Straftat zu verschaffen, verbreitet, öffentlich ausstellt oder anschlägt oder, um verbreitet, öffentlich ausgestellt oder angeschlagen zu werden, vorrätig hat, wird, wenn er weiß oder ernstliche Gründe zu der Vermutung hat, daß in der Schrift oder der Abbildung ein solches Angebot enthalten ist, mit Gefängnis bis zu drei Monaten oder Geldstrafe bis zu sechshundert Gulden bestraft.

Mit derselben Strafe wird bestraft, wer in gleicher Kenntnis oder mit einem gleichen Grund zur Vermutung den Inhalt einer solchen Schrift öffentlich zu Gehör bringt.

Begeht der Schuldige eines der in diesem Artikel bezeichneten Verbrechen in seinem Beruf und sind zur Zeit der Begehung des Verbrechens noch nicht fünf Jahre verstrichen, seit eine frühere Verurteilung des Schuldigen wegen eines dieser Verbrechen rechtskräftig geworden ist, so kann ihm das Recht zur Ausübung dieses Berufes entzogen werden.

Art. 134*bis*. Wer durch eines der in Artikel 47 Nr. 2 genannten Mittel einen anderen zu bewegen trachtet, ein Verbrechen zu begehen, wird, wenn das Verbrechen oder ein strafbarer Versuch dazu nicht zur Ausführung gelangt, mit Gefängnis bis zu fünf Jahren oder Geldstrafe bis zu sechshundert Gulden bestraft, jedoch mit der Maßgabe, daß keine schwerere Strafe ausgesprochen wird als wegen Versuchs des Verbrechens oder, wenn ein solcher Versuch nicht strafbar ist, wegen des Verbrechens selbst verhängt werden kann.

Diese Bestimmung findet keine Anwendung, wenn das Verbrechen oder ein strafbarer Versuch dazu auf Grund von Umständen, die vom Willen des Täters abhängig waren, nicht zur Ausführung gelangt.

Art. 135. Wer von einer Verschwörung zu einem der in den Artikeln 92—95*a*, 102 oder 121 genannten Verbrechen zu einem Zeitpunkt, zu dem die Begehung dieser Verbrechen noch verhindert werden kann, Kenntnis hat und es vorsätzlich unterläßt, davon rechtzeitig den Beamten der Justiz oder der Polizei oder dem Bedrohten genügende Kenntnis zu geben, wird, wenn das Verbrechen zur Ausführung gelangt ist, mit Gefängnis bis zu einem Jahr oder Geldstrafe bis zu sechshundert Gulden bestraft.

Art. 136. Wer von einem Vorhaben zur Begehung eines der in den Artikeln 92—110 bezeichneten Verbrechen, zur Fahnenflucht in Kriegszeit, zu militärischem Verrat, zum Mord, zum Menschenraub, zur Notzucht oder zu einem der in Titel VII dieses Buches bezeichneten Verbrechen, soweit dadurch Lebensgefahr verursacht wird, zu einem Zeitpunkt, zu dem die Begehung dieser Verbrechen noch verhindert werden kann, Kenntnis hat und es vorsätzlich unterläßt, davon rechtzeitig den Beamten der Justiz oder der Polizei oder dem Bedrohten genügende Kenntnis zu geben, wird, wenn das Verbrechen zur Ausführung gelangt ist, mit Gefängnis bis zu sechs Monaten oder Geldstrafe bis zu sechshundert Gulden bestraft.

Dieselbe Strafe findet auf denjenigen Anwendung, der von einem im ersten Absatz genannten bereits verübten Verbrechen, durch das Lebensgefahr entstanden ist, zu einem Zeitpunkt, zu dem die Folgen noch abgewendet werden können, Kenntnis hat und es vorsätzlich unterläßt, davon die oben genannte Benachrichtigung zu geben.

Art. 137. Die Bestimmungen der Artikel 135 und 136 finden auf denjenigen keine Anwendung, der sich durch die Benachrichtigung der Gefahr einer Strafverfolgung für sich selbst oder für einen seiner Blutsverwandten oder Verschwägerten in gerader Linie oder im zweiten oder dritten Grad der Seitenlinie, für seinen Ehegatten oder früheren Ehegatten oder für einen anderen, bei dessen Verfolgung er wegen seines Amtes oder Berufes das Zeugnis verweigern könnte, aussetzen würde.

Art. 137a. Wer sich in der Öffentlichkeit mündlich oder durch eine Schrift oder Abbildung vorsätzlich in beleidigender Form über die Staatsgewalt, über ein öffentliches Organ oder eine öffentliche Einrichtung äußert, wird mit Gefängnis bis zu zwei Jahren oder Geldstrafe bis zu sechshundert Gulden bestraft.

Art. 137b. Wer eine Schrift oder Abbildung, in der eine Äußerung in beleidigender Form über die Staatsgewalt, über ein öffentliches Organ oder eine öffentliche Einrichtung enthalten ist, verbreitet, öffentlich ausstellt oder anschlägt oder, um verbreitet, öffentlich ausgestellt oder angeschlagen zu werden, vorrätig hat, wird, wenn er weiß oder ernstliche Gründe zu der Vermutung hat, daß in der Schrift oder der Abbildung eine solche Äußerung enthalten ist, mit Gefängnis bis zu einem Jahr oder Geldstrafe bis zu sechshundert Gulden bestraft.

Mit derselben Strafe wird bestraft, wer in gleicher Kenntnis oder mit einem gleichen Grund zur Vermutung den Inhalt einer solchen Schrift öffentlich zu Gehör bringt.

Begeht der Schuldige eines der in diesem Artikel bezeichneten Verbrechen in seinem Beruf und sind zur Zeit der Begehung des Verbrechens noch nicht fünf Jahre verstrichen, seit eine frühere Verurteilung des Schuldigen wegen eines dieser Verbrechen rechtskräftig geworden ist, so kann ihm das Recht zur Ausübung dieses Berufs entzogen werden.

Art. 137c. Wer sich in der Öffentlichkeit mündlich oder durch eine Schrift oder Abbildung vorsätzlich in beleidigender Form über eine Gruppe der Bevölkerung oder eine zum Teil zur Bevölkerung gehörende Gruppe von Personen äußert, wird mit Gefängnis bis zu einem Jahr oder Geldstrafe bis zu sechshundert Gulden bestraft.

Art. 137d. Wer eine Schrift oder Abbildung, in der eine Äußerung in beleidigender Form über eine Gruppe der Bevölkerung oder eine zum Teil zur Bevölkerung gehörende Gruppe von Personen enthalten ist, verbreitet, öffentlich ausstellt oder anschlägt oder, um verbreitet, öffentlich ausgestellt oder angeschlagen zu werden, vorrätig hat, wird, wenn er weiß oder ernstliche Gründe zu der Vermutung hat, daß in der Schrift oder der Abbildung eine solche Äußerung enthalten ist, mit Gefängnis bis zu sechs Monaten oder Geldstrafe bis zu sechshundert Gulden bestraft.

Mit derselben Strafe wird bestraft, wer in gleicher Kenntnis oder mit einem gleichen Grund zur Vermutung den Inhalt einer solchen Schrift öffentlich zu Gehör bringt.

Begeht der Schuldige eines der in diesem Artikel bezeichneten Verbrechen in seinem Beruf und sind zur Zeit der Begehung des Verbrechens noch nicht fünf Jahre verstrichen, seit eine frühere Verurteilung des Schuldigen wegen eines dieser Verbrechen rechtskräftig geworden ist, so kann ihm das Recht zur Ausübung dieses Berufs entzogen werden.

Art. 138. Wer in die von einem anderen benutzte Wohnung, den von einem anderen benutzten abgeschlossenen Raum oder das von einem anderen benutzte abgeschlossene Grundstück widerrechtlich eindringt oder, wenn er widerrechtlich dort verweilt, sich nicht auf die Aufforderung des Berechtigten oder namens des Berechtigten sofort entfernt, wird mit Gefängnis bis zu sechs Monaten oder Geldstrafe bis zu sechshundert Gulden bestraft.

Wer sich den Zugang mittels Einbruchs oder Einsteigens, falscher Schlüssel, eines gefälschten Auftrags oder falscher Kleidung verschafft hat oder wer ohne Wissen des Berechtigten und anders als auf Grund eines Versehens hereingekommen ist und dort in der für die Nachtruhe bestimmten Zeit angetroffen wird, gilt als Eindringling.

Äußert er Drohungen oder bedient er sich Mittel, die geeignet sind, Furcht einzujagen, so wird er mit Gefängnis bis zu einem Jahr bestraft.

Die im ersten und dritten Absatz bestimmten Strafen können um ein Drittel erhöht werden, wenn zwei oder mehr Personen gemeinsam das Verbrechen verüben.

Art. 139. Wer in einen für den öffentlichen Dienst bestimmten Raum widerrechtlich eindringt oder, wenn er widerrechtlich dort verweilt, sich nicht auf die Aufforderung des befugten Beamten sofort entfernt, wird mit Gefägnis bis zu drei Monaten oder Geldstrafe bis zu sechshundert Gulden bestraft.

Wer sich den Zugang mittels Einbruchs oder Einsteigens, falscher Schlüssel, eines gefälschten Auftrags oder falscher Kleidung verschafft hat oder wer ohne Wissen des befugten Beamten und anders als auf Grund eines Versehens hereingekommen ist und dort in der für die Nachtruhe bestimmten Zeit angetroffen wird, gilt als Eindringling.

Äußert er Drohungen oder bedient er sich Mittel, die geeignet sind, Furcht einzujagen, so wird er mit Gefängnis bis zu einem Jahr bestraft.

Die im ersten und dritten Absatz bestimmten Strafen können um ein Drittel erhöht werden, wenn zwei oder mehr Personen gemeinsam das Verbrechen verüben.

Art. 140. Die Teilnahme an einer Vereinigung, deren Absicht es ist, Verbrechen zu verüben, wird mit Gefängnis bis zu fünf Jahren bestraft.

Die Teilnahme an einer anderen gesetzlich verbotenen Vereinigung wird mit Gefängnis bis zu einem Jahr oder Geldstrafe bis zu sechshundert Gulden bestraft.

Für die Gründer und Vorsteher können diese Strafen um ein Drittel erhöht werden.

Unter Vereinigungen werden in diesem Artikel auch Stiftungen verstanden.

Art. 141. Diejenigen, die öffentlich mit vereinten Kräften Gewalt gegen Personen oder Sachen verüben, werden mit Gefängnis bis zu vier Jahren und sechs Monaten bestraft.

Der Schuldige wird bestraft:

1. mit Gefängnis bis zu sechs Jahren, wenn er vorsätzlich Sachen zerstört oder wenn die von ihm verübte Gewalt eine Körperverletzung zur Folge hat;
2. mit Gefängnis bis zu neun Jahren, wenn diese Gewalt eine schwere Körperverletzung zur Folge hat;
3. mit Gefängnis bis zu zwölf Jahren, wenn diese Gewalt den Tod zur Folge hat.

Artikel 81 findet keine Anwendung.

Art. 142. Wer vorsätzlich durch falsche Alarmrufe oder Signale die Ruhe stört, wird mit Gefängnis bis zu zwei Wochen oder Geldstrafe bis zu hundertundzwanzig Gulden bestraft.

Art. 143. Wer mit Gewalt oder Drohung mit Gewalt eine erlaubte öffentliche Versammlung verhindert, wird mit Gefängnis bis zu neun Monaten bestraft.

Art. 144. Wer vorsätzlich durch Erregen von Unordnung oder Verursachen von Lärm eine erlaubte öffentliche Versammlung stört, wird mit Gefängnis bis zu zwei Wochen oder Geldstrafe bsi zu hundertundzwanzig Gulden bestraft.

Art. 145. Wer mit Gewalt oder Drohung mit Gewalt eine erlaubte öffentliche religiöse Versammlung oder eine erlaubte kirchliche Feierlichkeit oder Trauerfeier verhindert, wird mit Gefängnis bis zu einem Jahr bestraft.

Art. 146. Wer vorsätzlich durch Erregen von Unordnung oder Verursachen von Lärm eine erlaubte öffentliche religiöse Versammlung oder eine erlaubte kirchliche Feierlichkeit oder Trauerfeier stört, wird mit Gefängnis bis zu zwei Monaten oder Geldstrafe bis zu dreihundert Gulden bestraft.

Art. 147. Mit Gefängnis bis zu drei Monaten oder Geldstrafe bis zu zweihundertundvierzig Gulden wird bestraft:

1. wer sich in der Öffentlichkeit mündlich oder durch eine Schrift oder Abbildung durch verächtliche Gotteslästerungen in einer für das religiöse Gefühl kränkenden Weise äußert;
2. wer einen Religionsdiener bei der erlaubten Ausübung seines Amtes verspottet;
3. wer Gegenstände, die einem Gottesdienst geweiht sind, an Orten und zu Zeiten verhöhnt, zu denen die Ausübung dieses Gottesdienstes dort erlaubt ist.

Art. 147*a*. Wer eine Schrift oder Abbildung, in der Äußerungen enthalten sind, die als verächtliche Gotteslästerungen für das religiöse Gefühl kränkend sind, verbreitet, öffentlich ausstellt oder anschlägt oder, um verbreitet, öffentlich ausgestellt oder angeschlagen zu werden, vorrätig hat, wird, wenn er weiß oder ernstliche Gründe zu der Vermutung hat, daß in der Schrift oder der Abbildung solche Äußerungen enthalten sind, mit Gefängnis bis zu zwei Monaten oder Geldstrafe bis zu zweihundertundvierzig Gulden bestraft.

Mit derselben Strafe wird bestraft, wer in gleicher Kenntnis oder mit einem gleichen Grund zur Vermutung den Inhalt einer solchen Schrift öffentlich zu Gehör bringt.

Begeht der Schuldige eines der in diesem Artikel bezeichneten Verbrechen in seinem Beruf und sind zur Zeit der Begehung des Verbrechens noch nicht zwei Jahre verstrichen, seit eine frühere Verurteilung des Schuldigen wegen eines dieser Verbrechen rechtskräftig geworden ist, so kann ihm das Recht zur Ausübung dieses Berufes entzogen werden.

Art. 148. Wer vorsätzlich den erlaubten Zutritt zu einem Begräbnisplatz oder die erlaubte Beförderung einer Leiche nach einem Begräbnisplatz oder einem Krematorium verhindert oder behindert, wird mit Gefängnis bis zu einem Monat oder Geldstrafe bis zu zweihundertundvierzig Gulden bestraft.

Art. 149. Wer vorsätzlich ein Grab schändet oder ein auf einem Begräbnisplatz errichtetes Gedenkzeichen vorsätzlich und widerrechtlich zerstört oder beschädigt, wird mit Gefängnis bis zu einem Jahr bestraft.

Art. 150. Wer vorsätzlich und widerrechtlich eine Leiche ausgräbt oder wegnimmt oder eine ausgegrabene oder weggenommene Leiche entfernt oder befördert, wird mit Gefängnis bis zu einem Jahr oder Geldstrafe bis zu sechshundert Gulden bestraft.

Art. 151. Wer eine Leiche in der Absicht begräbt, verbrennt, vernichtet, verbirgt, verschleppt oder beseitigt, die Tatsache oder die Ursache des Todesfalles oder auch der Totgeburt zu verheimlichen, wird mit Gefängnis bis zu zwei Jahren oder Geldstrafe bis zu zweitausend Gulden bestraft.

Art. 151*a*. Wer aus Gewinnstreben vorsätzlich fördert, daß ein unter sechs Monate altes Kind, das nicht unter Vormundschaft einer juristischen Person steht, ohne vorherige schriftliche Zustimmung des Rates für Kinderschutz als Pflegekind aufgenommen wird, wird mit Gefängnis bis zu sechs Monaten oder Geldstrafe bis zu eintausend Gulden bestraft.

Titel VI

Zweikampf

Art. 152. Mit Gefängnis bis zu sechs Monaten wird bestraft:

1. wer jemand zu einer Herausforderung zum Zweikampf oder zur Annahme einer Herausforderung antreibt, wenn darauf ein Zweikampf stattfindet;
2. wer vorsätzlich eine Herausforderung überbringt, wenn darauf ein Zweikampf stattfindet.

Art. 153. Mit Gefängnis bis zu vier Monaten oder Geldstrafe bis zu sechshundert Gulden wird bestraft, wer jemand in der Öffentlichkeit oder in Gegenwart Dritter Vorwürfe macht oder dem Spott preisgibt, weil er nicht zum Zweikampf herausgefordert oder weil er eine Herausforderung abgelehnt hat.

Art. 154. Der Zweikampf wird für den, der seinem Gegner keine Körperverletzung zufügt, mit Gefängnis bis zu sechs Monaten bestraft.

Wer seinem Gegner eine Körperverletzung zufügt, wird mit Gefängnis bis zu einem Jahr bestraft.

Wer seinem Gegner eine schwere Körperverletzung zufügt, wird mit Gefängnis bis zu drei Jahren bestraft.

Wer seinen Gegner tötet, wird mit Gefängnis bis zu sechs Jahren oder, wenn ein Zweikampf auf Leben oder Tod vereinbart war, mit Gefängnis bis zu zwölf Jahren bestraft.

Der Versuch des Zweikampfs ist nicht strafbar.

Art. 155. Für denjenigen, der in einem Zweikampf seinen Gegner tötet oder ihm eine Körperverletzung zufügt, finden die Bestimmmungen über Mord, Totschlag oder Mißhandlung Anwendung:

1. wenn die Bedingungen nicht vorher festgesetzt worden sind;
2. wenn der Zweikampf nicht in Gegenwart beiderseitiger Zeugen stattfindet;
3. wenn der Täter vorsätzlich und zum Nachteil des Gegners sich einer betrügerischen Handlung schuldig macht oder von den Bedingungen abweicht.

Art. 156. Zeugen und Ärzte, die einem Zweikampf beiwohnen, sind nicht strafbar.

Die Zeugen werden bestraft:

1. mit Gefängnis bis zu zwei Jahren, wenn die Bedingungen nicht vorher festgesetzt worden sind oder wenn sie die Parteien zur Fortsetzung des Zweikampfs antreiben;
2. mit Gefängnis bis zu drei Jahren, wenn sie vorsätzlich und zum Nachteil einer oder beider Parteien sich einer betrügerischen Handlung schuldig machen oder eine durch die Parteien verübte betrügerische Handlung zulassen oder zulassen, daß von den Bedingungen abgewichen wird.

Die Bestimmungen über Mord, Totschlag oder Mißhandlung finden Anwendung für den Zeugen bei einem Zweikampf, in dem eine der Parteien getötet oder ihr eine Körperverletzung zugefügt worden ist, wenn er vorsätzlich und zum Nachteil dieser Partei sich einer betrügerischen Handlung schuldig gemacht oder eine betrügerische Handlung zugelassen hat oder zugelassen hat, daß zum Nachteil des Getöteten oder Verletzten von den Bedingungen abgewichen worden ist.

Titel VII

Verbrechen, durch die die allgemeine Sicherheit von Personen oder Sachen gefährdet wird

Art. 157. Wer vorsätzlich einen Brand stiftet, eine Explosion hervorruft oder eine Überschwemmung verursacht, wird bestraft:

1. mit Gefängnis bis zu zwölf Jahren, wenn dadurch eine Gemeingefahr für Sachen zu besorgen ist;
2. mit Gefängnis bis zu fünfzehn Jahren, wenn dadurch Lebensgefahr für einen anderen zu besorgen ist;
3. mit lebenslänglicher Gefängnisstrafe oder Gefängnis bis zu zwanzig Jahren, wenn dadurch Lebensgefahr für einen anderen zu besorgen ist und die Tat den Tod eines Menschen zur Folge hat.

Art. 158. Wer fahrlässig einen Brand, eine Explosion oder eine Überschwemmung herbeiführt, wird bestraft:

1. mit Gefängnis oder Haft bis zu drei Monaten oder Geldstrafe bis zu sechshundert Gulden, wenn dadurch eine Gemeingefahr für Sachen entsteht;
2. mit Gefängnis oder Haft bis zu sechs Monaten oder Geldstrafe bis zu sechshundert Gulden, wenn dadurch Lebensgefahr für einen anderen entsteht;
3. mit Gefängnis oder Haft bis zu einem Jahr, wenn die Tat den Tod eines Menschen zur Folge hat.

Art. 159. Wer vorsätzlich bei einem Brand oder in dessen Voraussicht Feuerlöschgeräte oder Feuerlöschmittel widerrechtlich verbirgt oder unbrauchbar macht oder auf irgendeine Weise die Löschung des Brandes verhindert oder behindert, wird mit Gefängnis bis zu sechs Jahren bestraft.

Art. 160. Wer vorsätzlich bei Wassersnot oder in deren Voraussicht Deichmaterialien oder Gerätschaften widerrechtlich verbirgt oder unbrauchbar macht, einen Versuch zur Wiederherstellung von Deichen oder anderen Wasserbauten vereitelt oder den zur Verhinderung oder Eindämmung von Überschwemmungen angewandten Mitteln entgegenarbeitet, wird mit Gefängnis bis zu sechs Jahren bestraft.

Art. 161. Wer vorsätzlich eine Anlage, die zum Schutz gegen Wasser oder zur Entwässerung dient, zerstört, unbrauchbar macht oder beschädigt, wird, wenn dadurch Überschwemmungsgefahr zu besorgen ist, mit Gefängnis bis zu sechs Jahren bestraft.

Art. 161*bis*. Wer vorsätzlich eine Elektrizitätsanlage zerstört, beschädigt oder unbrauchbar macht, eine Störung im Betrieb oder in der Wirkung einer solchen Anlage verursacht oder eine in Hinsicht auf eine solche Anlage getroffene Sicherheitsmaßnahme unwirksam macht, wird bestraft:

1. mit Gefängnis bis zu sechs Monaten oder Geldstrafe bis zu sechshundert Gulden, wenn dadurch die dem allgemeinen Nutzen dienende Stromlieferung verhindert oder erschwert wird;
2. mit Gefängnis bis zu sechs Jahren, wenn dadurch eine Gemeingefahr für Sachen zu besorgen ist;
3. mit Gefängnis bis zu neun Jahren, wenn dadurch Lebensgefahr für einen anderen zu besorgen ist;
4. mit Gefängnis bis zu fünfzehn Jahren, wenn dadurch Lebensgefahr für einen anderen zu besorgen ist und die Tat den Tod eines Menschen zur Folge hat.

Art. 161 *ter*. Wer fahrlässig bewirkt, daß eine Elektrizitätsanlage zerstört, beschädigt oder unbrauchbar gemacht wird, daß eine Störung im Betrieb oder in der Wirkung einer solchen Anlage entsteht oder daß eine in Hinsicht auf eine solche Anlage getroffene Sicherheitsmaßnahme unwirksam wird, wird bestraft:

1. mit Gefängnis oder Haft bis zu drei Monaten oder Geldstrafe bis zu sechshundert Gulden, wenn dadurch die dem allgemeinen Nutzen dienende Stromlieferung verhindert oder erschwert wird oder eine Gemeingefahr für Sachen entsteht;
2. mit Gefängnis oder Haft bis zu sechs Monaten oder Geldstrafe bis zu sechshundert Gulden, wenn dadurch Lebensgefahr für einen anderen entsteht;
3. mit Gefängnis oder Haft bis zu einem Jahr, wenn die Tat den Tod eines Menschen zur Folge hat.

Art. 162. Wer vorsätzlich eine dem öffentlichen Verkehr dienende Anlage zerstört, unbrauchbar macht oder beschädigt, einen öffentlichen Land- oder Wasserweg versperrt oder eine in Hinsicht auf eine solche Anlage oder einen solchen Weg getroffene Sicherheitsmaßnahme unwirksam macht, wird bestraft:

1. mit Gefängnis bis zu neun Jahren, wenn dadurch Gefahr für die Sicherheit des Verkehrs zu besorgen ist;
2. mit Gefängnis bis zu fünfzehn Jahren, wenn dadurch Gefahr für die Sicherheit des Verkehrs zu besorgen ist und die Tat den Tod eines Menschen zur Folge hat.

Art. 163. Wer fahrlässig bewirkt, daß eine dem öffentlichen Verkehr dienende Anlage zerstört, unbrauchbar gemacht oder beschädigt, ein öffentlicher Land- oder Wasserweg versperrt oder eine in Hinsicht auf eine solche Anlage oder einen solchen Weg getroffene Sicherheitsmaßnahme unwirksam wird, wird bestraft:

1. mit Gefängnis oder Haft bis zu drei Monaten oder Geldstrafe bis zu sechshundert Gulden, wenn dadurch der Verkehr unsicher wird;
2. mit Gefängnis oder Haft bis zu einem Jahr, wenn die Tat den Tod eines Menschen zur Folge hat.

Art. 164. Wer vorsätzlich Gefahr für den Verkehr mit Maschinenkraft auf einem Schienenwege verursacht, wird mit Gefängnis bis zu fünfzehn Jahren bestraft.

Hat die Tat den Tod eines Menschen zur Folge, so wird der Schuldige mit lebenslänglicher Gefängnisstrafe oder mit Gefängnis bis zu zwanzig Jahren bestraft.

Art. 165. Wer fahrlässig bewirkt, daß Gefahr für den Verkehr mit Maschinenkraft auf einem Schienenwege entsteht, wird mit Gefängnis oder Haft bis zu sechs Monaten oder Geldstrafe bis zu sechshundert Gulden bestraft.

Hat die Tat den Tod eines Menschen zur Folge, so wird der Schuldige mit Gefängnis oder Haft bis zu einem Jahr bestraft.

Art. 166. Wer vorsätzlich ein für die Sicherheit der Schiffahrt angebrachtes Zeichen zerstört, beschädigt, wegnimmt oder versetzt, dessen Wirkung vereitelt oder ein verkehrtes Zeichen anbringt, wird bestraft:

1. mit Gefängnis bis zu zwölf Jahren, wenn dadurch Gefahr für die Sicherheit der Schiffahrt zu besorgen ist;
2. mit Gefängnis bis zu fünfzehn Jahren, wenn dadurch Gefahr für die Sicherheit der Schiffahrt zu besorgen ist und die Tat das Sinken oder Stranden eines Wasserfahrzeuges zur Folge hat;
3. mit lebenslänglicher Gefängnisstrafe oder Gefängnis bis zu zwanzig Jahren, wenn dadurch Gefahr für die Sicherheit der Schiffahrt zu besorgen ist und die Tat den Tod eines Menschen zur Folge hat.

Art. 167. Wer fahrlässig bewirkt, daß ein für die Sicherheit der Schiffahrt angebrachtes Zeichen zerstört, beschädigt, weggenommen oder versetzt, dessen Wirkung vereitelt oder ein verkehrtes Zeichen angebracht wird, wird bestraft:

1. mit Gefängnis oder Haft bis zu drei Monaten oder Geldstrafe bis zu sechshundert Gulden, wenn dadurch der Schiffsverkehr unsicher wird;
2. mit Gefängnis oder Haft bis zu sechs Monaten oder Geldstrafe bis zu sechshundert Gulden, wenn die Tat da. Sinken oder Stranden eines Wasserfahrzeuges zur Folge hat;
3. mit Gefängnis oder Haft bis zu einem Jahr, wenn die Tat den Tod eines Menschen zur Folge hat.

Art. 168. Wer ein Wasserfahrzeug vorsätzlich und widerrechtlich sinken oder stranden läßt, zerstört, unbrauchbar macht oder beschädigt, wird bestraft:

1. mit Gefängnis bis zu fünfzehn Jahren, wenn dadurch Lebensgefahr für einen anderen zu besorgen ist;
2. mit lebenslänglicher Gefängnisstrafe oder Gefängnis bis zu zwanzig Jahren, wenn dadurch Lebensgefahr für einen anderen zu besorgen ist und die Tat den Tod eines Menschen zur Folge hat.

Art. 169. Wer fahrlässig bewirkt, daß ein Wasserfahrzeug sinkt oder strandet, zerstört, unbrauchbar gemacht oder beschädigt wird, wird bestraft:

1. mit Gefängnis oder Haft bis zu sechs Monaten oder Geldstrafe bis zu sechshundert Gulden, wenn dadurch Lebensgefahr für einen anderen entsteht;
2. mit Gefängnis oder Haft bis zu einem Jahr, wenn die Tat den Tod eines Menschen zur Folge hat.

Art. 170. Wer ein Gebäude oder einen Bau vorsätzlich zerstört oder beschädigt, wird bestraft:

1. mit Gefängnis bis zu zwölf Jahren, wenn dadurch eine Gemeingefahr für Sachen zu besorgen ist;
2. mit Gefängnis bis zu fünfzehn Jahren, wenn dadurch Lebensgefahr für einen anderen zu besorgen ist;
3. mit lebenslänglicher Gefängnisstrafe oder Gefängnis bis zu zwanzig Jahren, wenn dadurch Lebensgefahr für einen anderen zu besorgen ist und die Tat den Tod eines Menschen zur Folge hat.

Art. 171. Wer fahrlässig die Zerstörung oder Beschädigung eines Gebäudes oder eines Baues herbeiführt, wird bestraft:

1. mit Gefängnis oder Haft bis zu drei Monaten oder Geldstrafe bis zu sechshundert Gulden, wenn dadurch eine Gemeingefahr für Sachen entsteht;
2. mit Gefängnis oder Haft bis zu sechs Monaten oder Geldstrafe bis zu sechshundert Gulden, wenn dadurch Lebensgefahr für einen anderen entsteht;
3. mit Gefängnis oder Haft bis zu einem Jahr, wenn die Tat den Tod eines Menschen zur Folge hat.

Art. 172. Wer einem Brunnen, einer Pumpe, einer Quelle oder einer zum allgemeinen Nutzen oder zum gemeinschaftlichen Gebrauch anderer oder mit anderen bestimmten Trinkwassereinrichtung irgendeinen Stoff zuführt, obwohl er weiß, daß dadurch das Wasser für das Leben oder die Gesundheit schädlich wird, wird mit Gefängnis bis zu fünfzehn Jahren bestraft.

Hat die Tat den Tod eines Menschen zur Folge, so wird der Schuldige mit lebenslänglicher Gefängnisstrafe oder Gefängnis bis zu zwanzig Jahren bestraft.

Art. 173. Wer fahrlässig bewirkt, daß einem Brunnen, einer Pumpe, einer Quelle oder einer zum allgemeinen Nutzen oder zum gemeinschaftlichen Gebrauch anderer oder mit anderen bestimmten Trinkwassereinrichtung irgendein Stoff zugeführt wird, durch den das Wasser für das Leben oder die Gesundheit schädlich wird, wird mit Gefängnis oder Haft bis zu sechs Monaten oder Geldstrafe bis zu sechshundert Gulden bestraft.

Hat die Tat den Tod eines Menschen zur Folge, so wird der Schuldige mit Gefängnis oder Haft bis zu einem Jahr bestraft.

Art. 174. Wer Waren verkauft, zum Kauf anbietet, ausliefert oder verteilt, obwohl er weiß, daß sie für das Leben oder die Gesundheit schädlich sind, und diese Schädlichkeit verschweigt, wird mit Gefängnis bis zu fünfzehn Jahren bestraft.

Hat die Tat den Tod eines Menschen zur Folge, so wird der Schuldige mit lebenslänglicher Gefängnisstrafe oder mit Gefängnis bis zu zwanzig Jahren bestraft.

Art. 175. Wer fahrlässig bewirkt, daß Waren, die für das Leben oder die Gesundheit schädlich sind, verkauft, ausgeliefert oder verteilt werden, ohne daß der Käufer oder Erwerber von dieser Schädlichkeit Kenntnis hat, wird mit Gefängnis oder Haft bis zu sechs Monaten oder Geldstrafe bis zu sechshundert Gulden bestraft.

Hat die Tat den Tod eines Menschen zur Folge, so wird der Schuldige mit Gefängnis oder Haft bis zu einem Jahr bestraft.

Die Waren können eingezogen werden.

Art. 175*a*. Wer im Kriegsfall vorsätzlich eine durch Gesetz oder auf Grund eine Gesetzes erlassene und bekanntgemachte Vorschrift zum Schutz der Bevölkerung übertritt, wird bestraft:

1. mit Gefängnis bis zu zwei Jahren, wenn dadurch eine Gemeingefahr für Sachen zu besorgen ist;
2. mit Gefängnis bis zu drei Jahren, wenn dadurch Lebensgefahr für einen anderen zu besorgen ist;
3. mit Gefängnis bis zu fünf Jahren, wenn dadurch Lebensgefahr für einen anderen zu besorgen ist und die Tat den Tod eines Menschen zur Folge hat.

Art. 175*b*. Wer fahrlässig im Kriegsfall bewirkt, daß eine durch Gesetz oder auf Grund eines Gesetzes erlassene und bekanntgemachte Vorschrift zum Schutz der Bevölkerung übertreten wird, wird bestraft:

1. mit Gefängnis oder Haft bis zu drei Monaten oder Geldstrafe bis zu sechshundert Gulden, wenn dadurch eine Gemeingefahr für Sachen entsteht;
2. mit Gefängnis oder Haft bis zu sechs Monaten oder Geldstrafe bis zu sechshundert Gulden, wenn dadurch Lebensgefahr für einen anderen entsteht;
3. mit Gefängnis oder Haft bis zu einem Jahr, wenn die Tat den Tod eines Menschen zur Folge hat.

Art. 176. Bei Verurteilung wegen eines in diesem Titel bezeichneten Verbrechens kann dem Schuldigen das Recht zur Ausübung des Berufes, in dem er das Verbrechen begangen hat, entzogen werden.

Bei Verurteilung wegen eines der in den Artikeln 174 und 175 bezeichneten Verbrechen kann der Richter die Veröffentlichung seines Urteils anordnen.

Titel VIII

Verbrechen gegen die Staatsgewalt

Art. 177. Mit Gefängnis bis zu zwei Jahren oder Geldstrafe bis zu sechshundert Gulden wird bestraft:

1. wer einem Beamten ein Geschenk oder Versprechen in der Absicht gibt, ihn zu bewegen, in seinem Amte pflichtwidrig etwas zu tun oder zu unterlassen;
2. wer einem Beamten ein Geschenk auf Grund oder aus Anlaß dessen gibt, was dieser in seinem Amte pflichtwidrig getan oder unterlassen hat.

Die Entziehung der in Artikel 28 Nr. 1—4 genannten Rechte kann ausgesprochen werden.

Art. 178. Wer einem Richter ein Geschenk oder Versprechen in der Absicht gibt, die Entscheidung einer seiner Beurteilung unterworfenen Sache zu beeinflussen, wird mit Gefängnis bis zu sechs Jahren bestraft.

Wird das Geschenk oder Versprechen in der Absicht gegeben, eine Verurteilung in einer Strafsache zu erreichen, so wird der Schuldige mit Gefängnis bis zu neun Jahren bestraft.

Die Entziehung der in Artikel 28 Nr. 1—4 genannten Rechte kann ausgesprochen werden.

Art. 179. Wer mit Gewalt oder Drohung mit Gewalt einen Beamten zur Vornahme einer Amtshandlung oder zur Unterlassung einer rechtmäßigen Amtshandlung zwingt, wird mit Gefängnis bis zu drei Jahren bestraft.

Art. 180. Wer sich einem Beamten, der in rechtmäßiger Ausübung seines Amtes tätig ist, oder den Personen, die ihm dabei auf Grund gesetzlicher Verpflichtung oder auf seinen Wunsch Hilfe leisten, mit Gewalt oder Drohung mit Gewalt widersetzt, wird wegen Widersetzlichkeit mit Gefängnis bis zu einem Jahr oder Geldstrafe bis zu sechshundert Gulden bestraft.

Art. 181. Nötigung und Widersetzlichkeit gemäß den Artikeln 179 und 180 werden bestraft:

1. mit Gefängnis bis zu vier Jahren, wenn das Verbrechen oder die damit verbundenen Tätlichkeiten eine Körperverletzung zur Folge haben;
2. mit Gefängnis bis zu sieben Jahren und sechs Monaten, wenn sie eine schwere Körperverletzung zur Folge haben;
3. mit Gefängnis bis zu zwölf Jahren, wenn sie den Tod zur Folge haben.

Art. 182. Nötigung und Widersetzlichkeit gemäß den Artikeln 179 und 180, die von zwei oder mehr Personen mit vereinten Kräften verübt werden, werden mit Gefängnis bis zu sechs Jahren bestraft.

Der Schuldige wird bestraft:

1. mit Gefängnis bis zu sieben Jahren und sechs Monaten, wenn das von ihm verübte Verbrechen oder die dabei von ihm verübten Tätlichkeiten eine Körperverletzung zur Folge haben;
2. mit Gefängnis bis zu zwölf Jahren, wenn sie eine schwere Körperverletzung zur Folge haben;
3. mit Gefängnis bis zu fünfzehn Jahren, wenn sie den Tod zur Folge haben.

Art. 183. Den Beamten werden in Ansehung der Artikel 179—182 die Angehörigen des Vorstandes sowie vereidigte Beamte und Bedienstete von Eisenbahnbetrieben gleichgestellt.

Art. 184. Wer vorsätzlich einer auf Grund gesetzlicher Vorschrift ergangenen Anordnung oder Aufforderung eines Beamten, der mit der Ausübung einer Aufsicht beauftragt ist, oder eines Beamten, der mit der Ermittlung und Untersuchung von Straftaten beauftragt oder dazu für befugt erklärt ist, nicht nachkommt, oder wer vorsätzlich eine von diesen Beamten zur Ausführung einer gesetzlichen Vorschrift vorgenommene Handlung verhindert, behindert oder unwirksam macht, wird mit Gefängnis bis zu drei Monaten oder Geldstrafe bis zu zwölfhundert Gulden bestraft.

Dem im ersten Teil des vorhergehenden Absatzes genannten Beamten wird jeder, der auf Grund gesetzlicher Vorschrift dauernd oder zeitweilig mit einem öffentlichen Dienst beauftragt ist, gleichgestellt.

Sind zur Zeit der Begehung des Verbrechens noch nicht zwei Jahre verstrichen, seit eine frühere Verurteilung des Schuldigen wegen des gleichen Verbrechens rechtskräftig geworden ist, so können die Strafen um ein Drittel erhöht werden.

Art. 185. Wer bei einer Gerichtssitzung oder dort, wo ein Beamter in der Öffentlichkeit in rechtmäßiger Ausübung seines Amtes tätig ist, Unruhe erregt und sich nicht entfernt, nachdem dies von der befugten Stelle oder auf deren Veranlassung angeordnet worden ist, wird mit Gefängnis bis zu zwei Wochen oder Geldstrafe bis zu zweihundertundvierzig Gulden bestraft.

Art. 186. Wer vorsätzlich bei Gelegenheit eines Volksauflaufs sich nicht unmittelbar entfernt, nachdem dies von der befugten Stelle oder auf deren Veranlassung zum dritten Male angeordnet worden ist, wird wegen Teilnahme an einer Zusammenrottung mit Gefängnis bis zu drei Monaten oder Geldstrafe bis zu zwölfhundert Gulden bestraft.

Art. 187. Wer eine auf Veranlassung der befugten Behörde öffentlich angebrachte Bekanntmachung widerrechtlich abreißt, unlesbar macht oder beschädigt in der Absicht, deren Kenntnisnahme zu verhindern oder zu erschweren, wird mit Gefängnis bis zu einem Monat oder Geldstrafe bis zu sechshundert Gulden bestraft.

Art. 188. Wer eine Anzeige erstattet, daß eine Straftat verübt worden sei, oder dafür einen Strafantrag stellt, obwohl er weiß, daß sie nicht verübt worden ist, wird mit Gefängnis bis zu einem Jahr bestraft.

Art. 189. Mit Gefängnis bis zu sechs Monaten oder Geldstrafe bis zu sechshundert Gulden wird bestraft:

1. wer vorsätzlich jemand, der eines Verbrechens schuldig ist oder wegen eines Verbrechens verfolgt wird, verbirgt oder ihm behilflich ist, den Nachforschungen oder der Festnahme durch die Beamten der Justiz oder Polizei zu entgehen;
2. wer, nachdem ein Verbrechen verübt worden ist, in der Absicht, es zu verheimlichen oder die Ermittlung oder Verfolgung zu verhindern oder zu erschweren, Gegenstände, an denen oder mit denen das Verbrechen verübt worden ist, oder andere Spuren des Verbrechens vernichtet, beseitigt, verbirgt oder der Untersuchung durch die Beamten der Justiz oder Polizei entzieht.

Diese Bestimmungen finden keine Anwendung auf denjenigen, der die darin genannten Handlungen vornimmt, um der Gefahr einer Strafverfolgung zu entgehen oder von einem seiner Blutsverwandten oder Verschwägerten in gerader Linie oder im zweiten oder dritten Grad der Seitenlinie oder von seinem Ehegatten oder früheren Ehegatten abzuwenden.

Art. 190. Wer vorsätzlich eine gerichtliche Leichenschau verhindert, behindert oder nutzlos macht, wird mit Gefängnis bis zu sechs Monaten oder Geldstrafe bis zu sechshundert Gulden bestraft.

Art. 191. Wer vorsätzlich jemand, dem durch die Staatsgewalt oder kraft richterlichen Urteils oder richterlicher Verfügung die Freiheit entzogen ist, befreit oder bei dessen Selbstbefreiung behilflich ist, wird mit Gefängnis bis zu zwei Jahren bestraft.

Art. 192. Wer gesetzlich als Zeuge, als Sachverständiger oder als Dolmetscher vorgeladen wird und vorsätzlich einer gesetzlichen Verpflichtung, die er als solcher zu erfüllen hat, nicht nachkommt, wird bestraft:

1. in Strafsachen mit Gefängnis bis zu sechs Monaten;
2. in anderen Sachen mit Gefängnis bis zu vier Monaten.

Art. 193. Wer vorsätzlich einer rechtmäßigen Anordnung zur Vorlegung einer Urkunde nicht nachkommt, von der behauptet wird, falsch oder verfälscht zu sein, oder die zur Vergleichung mit einer anderen dienen soll, deren Unechtheit oder Verfälschung behauptet oder deren Echtheit in Abrede gestellt oder nicht anerkannt wird, wird bestraft:

1. in Strafsachen mit Gefängnis bis zu sechs Monaten;
2. in anderen Sachen mit Gefängnis bis zu vier Monaten.

Art. 194. Wer, nachdem er in Konkurs geraten ist oder als Ehegatte eines in Konkurs Geratenen, mit dem er in Gütergemeinschaft lebt, oder als Angehöriger des Vorstands oder des Aufsichtsrats einer Aktiengesellschaft, genossenschaftlichen oder anderen rechtsfähigen Vereinigung oder Stiftung gesetzlich vorgeladen ist, um Auskünfte zu geben, und ohne gültige Gründe vorsätzlich ausbleibt oder sich weigert, die geforderten Auskünfte zu geben, oder vorsätzlich unrichtige Auskünfte gibt, wird mit Gefängnis bis zu einem Jahr bestraft.

Art. 195. Wer ein Recht ausübt, obwohl er weiß, daß es ihm durch richterliches Urteil entzogen ist, wird mit Gefängnis bis zu sechs Monaten oder Geldstrafe bis zu zwölfhundert Gulden bestraft.

Art. 196. Wer vorsätzlich Kennzeichen trägt oder eine Handlung vornimmt, die zu einem Amt gehören, das er nicht innehat oder von dem er suspendiert ist, wird mit Gefängnis bis zu drei Monaten oder Geldstrafe bis zu sechshundert Gulden bestraft.

Art. 197. Ein Ausländer, der entgegen einer zur Ausführung des Gesetzes erteilten königlichen oder richterlichen Anordnung in das europäische Reichsgebiet zurückkehrt, wird mit Gefängnis bis zu drei Monaten bestraft.

Art. 198. Wer vorsätzlich eine Sache einer kraft Gesetzes erfolgten Beschlagnahme oder einer gerichtlichen Sequestration entzieht oder verbirgt, obwohl er weiß, daß sie dieser Beschlagnahme oder Sequestration entzogen worden ist, wird mit Gefängnis bis zu drei Jahren bestraft.

Mit derselben Strafe wird bestraft, wer vorsätzlich eine kraft Gesetzes beschlagnahmte Sache zerstört, beschädigt oder unbrauchbar macht.

Der Verwahrer, der vorsätzlich eine dieser Taten begeht oder zuläßt oder dabei als Gehilfe mitwirkt, wird mit Gefängnis bis zu vier Jahren bestraft.

Ist eine dieser Taten auf Grund der Nachlässigkeit des Verwahrers verübt worden, so wird dieser mit Haft bis zu einem Monat oder Geldstrafe bis zu zweihundertundvierzig Gulden bestraft.

Art. 199. Wer vorsätzlich Siegel, mit denen Gegenstände von der befugten Behörde oder auf deren Veranlassung versiegelt sind, erbricht, ablöst oder beschädigt oder den durch ein solches Siegel bewirkten Verschluß auf andere Weise unwirksam macht, wird mit Gefängnis bis zu zwei Jahren bestraft.

Der Verwahrer, der vorsätzlich die Tat verübt oder zuläßt oder dabei als Gehilfe mitwirkt, wird mit Gefängnis bis zu drei Jahren bestraft.

Ist die Tat auf Grund der Nachlässigkeit des Verwahrers verübt worden, so wird dieser mit Haft bis zu einem Monat oder Geldstrafe bis zu zweihundertundvierzig Gulden bestraft.

Art. 200. Wer vorsätzlich Sachen, die dazu bestimmt sind, vor der befugten Behörde zur Überführung oder zum Beweis zu dienen, Urkunden, Unterlagen oder Register, die sich dauernd oder zeitweilig in amtlicher Aufbewahrung befinden oder einem Beamten oder einem anderen im Interesse des öffentlichen Dienstes übergeben worden sind, zerstört, beschädigt, unbrauchbar macht oder beseitigt, wird mit Gefängnis bis zu drei Jahren bestraft.

Art. 201. Wer vorsätzlich Briefe oder andere Postsachen, die einem Post- oder Telegraphenamt übergeben oder in einen Briefkasten geworfen worden sind, ihrer Bestimmung entzieht, öffnet oder beschädigt, wird mit Gefängnis bis zu einem Jahr bestraft.

Art. 202. Hat der eines der in den Artikeln 198—201 bezeichneten Verbrechen Schuldige mittels Einbruchs, Erbrechens oder Einsteigens, falscher Schlüssel, eines gefälschten Auftrags oder falscher Kleidung sich den Zugang zu dem Ort des Verbrechens verschafft oder die Sache in seinen Bereich gebracht, so kann die Strafe um höchstens ein Jahr Gefängnis erhöht werden.

Art. 203. Wer in Friedenszeit vorsätzlich zur Fahnenflucht eines im Dienste des Staates stehenden Soldaten durch eines der in Artikel 47 Nr. 2 genannten Mittel anstiftet oder sie auf eine in Artikel 48 genannte Weise fördert, wird mit Gefängnis bis zu sechs Monaten bestraft.

Art. 204. Wer in Friedenszeit vorsätzlich zum Aufruhr oder zur Meuterei von im Dienst des Staates stehenden Soldaten durch eines der in Artikel 47 Nr. 2 genannten Mittel anstiftet oder einen solchen Aufruhr oder eine solche Meuterei auf eine in Artikel 48 genannte Weise fördert, wird mit Gefängnis bis zu sechs Jahren bestraft.

Art. 205. Wer ohne Zustimmung des Königs jemand für fremden Kriegsdienst anwirbt, wird mit Gefängnis bis zu einem Jahr oder Geldstrafe bis zu sechstausend Gulden bestraft.

Art. 206. Mit Gefängnis bis zu zwei Jahren wird bestraft:

1. wer sich vorsätzlich für den Dienst bei der Wehrmacht untauglich macht oder machen läßt;
2. wer einen anderen auf dessen Bitte vorsätzlich für diesen Dienst untauglich macht.

Hat im letzteren Fall die Tat den Tod zur Folge, so wird Gefängnis bis zu sechs Jahren verhängt.

Titel IX

Meineid

Art. 207. Wer in den Fällen, in denen eine gesetzliche Vorschrift eine Erklärung unter Eid fordert oder daran Rechtsfolgen knüpft, mündlich oder schriftlich, persönlich oder durch einen dazu besonders Bevollmächtigten vorsätzlich eine falsche Erklärung unter Eid abgibt, wird mit Gefängnis bis zu sechs Jahren bestraft.

Ist die falsche Erklärung unter Eid in einer Strafsache zum Nachteil des Angeklagten oder Beschuldigten abgegeben worden, so wird der Schuldige mit Gefängnis bis zu neun Jahren bestraft.

Dem Eid werden das Versprechen oder die Versicherung, die kraft Gesetzes an die Stelle des Eides treten, gleichgesetzt.

Die Entziehung der in Artikel 28 Nr. 1—4 genannten Rechte kann ausgesprochen werden.

Titel X

Fälschung von Münzen, Geldscheinen und Banknoten

Art. 208. Wer Münzen, Geldscheine oder Banknoten in der Absicht nachmacht oder verfälscht, diese Münzen, Geldscheine oder Banknoten als echt und unverfälscht auszugeben oder ausgeben zu lassen, wird mit Gefängnis bis zu neun Jahren bestraft.

Art. 209. Wer vorsätzlich solche Münzen, Geldscheine oder Banknoten als echt und unverfälscht ausgibt, die er selbst nachgemacht oder verfälscht hat oder deren Unechtheit oder Verfälschung ihm bekannt war, als er sie empfing, oder wer diese in der Absicht, sie als echt und unverfälscht auszugeben oder ausgeben zu lassen, vorrätig hat oder in das europäische Reichsgebiet einführt, wird mit Gefängnis bis zu neun Jahren bestraft.

Art. 210. Wer Münzen im Wert mindert in der Absicht, sie so im Wert gemindert auszugeben oder ausgeben zu lassen, wird wegen Münzverringerung mit Gefängnis bis zu acht Jahren bestraft.

Art. 211. Wer vorsätzlich solche Münzen als unverringert ausgibt, die er selbst im Wert gemindert hat oder deren Verringerung ihm bekannt war, als er sie empfing, oder wer diese in der Absicht, sie als unverringert auszugeben oder ausgeben zu lassen, vorrätig hat oder in das europäische Reichsgebiet einführt, wird mit Gefängnis bis zu acht Jahren bestraft.

Art. 212. (aufgehoben)

Art. 213. Wer vorsätzlich falsche, verfälschte oder verringerte Münzen oder falsche oder verfälschte Geldscheine oder Banknoten ausgibt, wird vorbehaltlich der Bestimmung der Artikel 209 und 211 mit Gefängnis bis zu drei Monaten oder Geldstrafe bis zu sechshundert Gulden bestraft.

Art. 214. Wer Stoffe oder Gegenstände herstellt oder besitzt, von denen er weiß, daß sie dazu bestimmt sind, Münzen nachzumachen, zu verfälschen oder im Wert zu mindern oder Geldscheine oder Banknoten nachzumachen oder zu verfälschen, wird mit Gefängnis bis zu vier Jahren oder Geldstrafe bis zu sechshundert Gulden bestraft.

Art. 214*bis*. Bei Verurteilung wegen eines der in diesem Titel bezeichneten Verbrechen werden

die falschen, verfälschten oder verringerten Münzen,

die falschen oder verfälschten Geldscheine oder Banknoten,

die Stoffe und Gegenstände, die ihrer Art nach dazu bestimmt sind, Münzen nachzumachen, zu verfälschen oder im Wert zu mindern oder Geldscheine und Banknoten nachzumachen oder zu verfälschen,

soweit damit das Verbrechen verübt worden ist oder sie den Gegenstand des Verbrechens bildeten,

eingezogen, auch wenn sie nicht dem Verurteilten gehören.

Art. 215. Bei Verurteilung wegen eines der in den Artikeln 208—211 bezeichneten Verbrechen kann die Entziehung der in Artikel 28 Nr. 1—4 genannten Rechte ausgesprochen werden.

Titel XI

Fälschung von Siegeln und Marken sowie Stempelmarken

Art. 216. Mit Gefängnis bis zu sechs Jahren wird bestraft:

1. wer von Staats wegen ausgegebene Siegel oder Marken in der Absicht nachmacht oder verfälscht, diese Siegel oder Marken als echt und unverfälscht zu gebrauchen oder von anderen gebrauchen zu lassen;
2. wer in der gleichen Absicht solche Siegel oder Marken herstellt, indem er widerrechtlich echte Stempel benutzt.

Art. 217. Mit Gefängnis bis zu fünf Jahren wird bestraft:

1. wer auf Platin-, Gold- oder Silbersachen falsche staatliche Stempelmarken oder gesetzlich erforderliche Meisterzeichen anbringt oder echte verfälscht in der Absicht, die Sachen so zu gebrauchen oder von anderen gebrauchen zu lassen, als ob die darauf angebrachten Stempelmarken oder Zeichen echt und unverfälscht seien;
2. wer in der gleichen Absicht auf den genannten Sachen Stempelmarken oder Zeichen anbringt, indem er widerrechtlich echte Stempel benutzt;
3. wer echte staatliche Stempelmarken oder gesetzlich erforderliche Meisterzeichen in, an oder auf andere Platin-, Gold- oder Silbersachen als die, an denen sie ursprünglich angebracht worden waren, einsetzt, anfügt oder überträgt in der Absicht, diese Sachen so zu gebrauchen oder von anderen gebrauchen zu lassen, als ob die genannten Stempelmarken oder Zeichen urspünglich darauf angebracht worden seien.

Art. 218. Mit Gefängnis bis zu drei Jahren wird bestraft:

1. wer an Gegenständen, die der Eichung unterliegen, falsche staatliche Stempelmarken anbringt oder echte verfälscht in der Absicht, diese Gegenstände so zu gebrauchen oder von anderen gebrauchen zu lassen, als ob die darauf angebrachten Stempelmarken echt und unverfälscht seien;
2. wer in der gleichen Absicht an den genannten Gegenständen Stempelmarken anbringt, indem er widerrechtlich echte Stempel benutzt.

Art. 219. Mit Gefängnis bis zu zwei Jahren wird bestraft:

1. wer andere als die in den Artikeln 217 und 218 genannten Stempelmarken, die auf Grund einer gesetzlichen Vorschrift auf Sachen oder auf deren Verpackung angebracht werden müssen oder angebracht werden können, fälsch-

lich darauf anbringt oder echte verfälscht in der Absicht, die Sachen so zu gebrauchen oder von anderen gebrauchen zu lassen, als ob die darauf angebrachten Stempelmarken echt und unverfälscht seien;

2. wer in der gleichen Absicht auf den genannten Sachen oder auf deren Verpackung Stempelmarken anbringt, indem er widerrechtlich echte Stempel benutzt;
3. wer echte Stempelmarken für Sachen oder für deren Verpackung, für die diese Stempelmarken nicht bestimmt sind, in der Absicht gebraucht, diese Sachen so zu gebrauchen oder von anderen gebrauchen zu lassen, als ob die genannten Stempelmarken dafür bestimmt seien.

Art. 220. Wer vorsätzlich falsche, verfälschte oder widerrechtlich hergestellte Siegel oder Marken, Zeichen oder Stempelmarken oder die Gegenstände, mit denen sie widerrechtlich verbunden sind, gebraucht, verkauft, zum Kauf anbietet, ausliefert, zum Verkauf vorrätig hat oder in das europäische Reichsgebiet einführt, als seien diese Siegel oder Marken, Zeichen oder Stempelmarken echt und unverfälscht und nicht widerrechtlich hergestellt oder widerrechtlich mit den Gegenständen verbunden, wird mit den in den Artikeln 216—219 genannten Strafen nach den dort bezeichneten Unterscheidungen bestraft.

Art. 221. Wer von Gegenständen, die der Eichung unterliegen, das darauf angebrachte Untauglichkeitszeichen in der Absicht entfernt, diese Gegenstände zu gebrauchen oder von anderen gebrauchen zu lassen, als seien sie nicht für untauglich erklärt, wird mit Gefängnis bis zu einem Jahr bestraft.

Mit derselben Strafe wird bestraft, wer vorsätzlich diese Gegenstände, von denen das Untauglichkeitszeichen entfernt worden ist, gebraucht, verkauft, zum Kauf anbietet, ausliefert oder zum Verkauf vorrätig hat, als seien sie nicht für untauglich erklärt.

Art. 222. Wer von von Staats wegen ausgegebenen Siegeln oder Marken, die bereits gebraucht worden sind, das Zeichen, das dazu bestimmt ist, sie für den weiteren Gebrauch untauglich zu machen, in der Absicht entfernt, diese Siegel oder Marken zu gebrauchen oder von anderen gebrauchen zu lassen, als seien sie noch nicht gebraucht, wird mit Gefängnis bis zu drei Jahren oder Geldstrafe bis zu sechshundert Gulden bestraft.

Mit denselben Strafen wird bestraft, wer vorsätzlich diese Siegel oder Marken, von denen dieses Zeichen entfernt worden ist, gebraucht, verkauft, zum Kauf anbietet, ausliefert, zum Verkauf vorrätig hat oder in das europäische Reichsgebiet einführt, als seien sie noch nicht gebraucht.

Art. 222 *bis*. Die Bestimmungen der Artikel 216, 219, 220 und 222 finden nach den dort genannten Unterscheidungen auch Anwendung, wenn die in diesen Artikeln bezeichneten Taten in Beziehung auf Siegel oder Marken oder Stempelmarken Surinams, der Niederländischen Antillen, Niederländisch Neu Guineas, einer ausländischen Macht oder einer völkerrechtlichen Organisation verübt werden.

Art. 223. Wer Stoffe oder Gegenstände besitzt, von denen er weiß, daß sie zur Begehung eines in Artikel 216 oder in Artikel 222 *bis* in Verbindung mit Artikel 216 bezeichneten Verbrechens bestimmt sind, wird mit Gefängnis bis zu sechs Monaten oder Geldstrafe bis zu sechshundert Gulden bestraft.

Die Stoffe und Gegenstände werden eingezogen.

Art. 224. Bei Verurteilung wegen eines der in den Artikeln 216—222 *bis* bezeichneten Verbrechen kann die Entziehung der in Artikel 28 Nr. 1—4 genannten Rechte ausgesprochen werden.

Titel XII

Fälschung von Schriftstücken

Art. 225. Wer ein Schriftstück, aus dem ein Recht, eine Verbindlichkeit oder eine Schuldbefreiung hervorgehen kann oder das zum Beweis einer Tatsache zu dienen bestimmt ist, fälschlich anfertigt oder verfälscht in der Absicht, es als echt und unverfälscht zu gebrauchen oder von anderen gebrauchen zu lassen, wird, wenn durch den Gebrauch ein Schaden entstehen kann, wegen Fälschung eines Schriftstücks mit Gefängnis bis zu fünf Jahren bestraft.

Mit derselben Strafe wird bestraft, wer vorsätzlich von dem falschen oder verfälschten Schriftstück Gebrauch macht, als sei es echt und unverfälscht, wenn durch diesen Gebrauch ein Schaden entstehen kann.

Art. 226. Der der Fälschung eines Schriftstückes Schuldige wird mit Gefängnis bis zu sieben Jahren bestraft, wenn sie verübt worden ist:

1. an öffentlichen Urkunden;
2. an Schuldverschreibungen oder Schuldscheinen eines Staates, einer Provinz, Gemeinde oder öffentlichen Einrichtung;
3. an Anteilscheinen oder Schuldverschreibungen oder Zertifikaten von Anteilscheinen oder Schuldscheinen einer Vereinigung, Stiftung oder Gesellschaft;
4. an Talons, Dividenden- oder Zinsscheinen, die zu einer der unter den beiden vorhergehenden Nummern bezeichneten Urkunden gehören, oder an Bescheinigungen, die an Stelle dieser Urkunden ausgegeben sind;
5. an Kredit- und Handelspapieren, die für den Umlauf bestimmt sind.

Mit derselben Strafe wird bestraft, wer vorsätzlich von einem im ersten Absatz genannten falschen oder verfälschten Schriftstück Gebrauch macht, als sei es echt und unverfälscht, wenn durch diesen Gebrauch ein Schaden entstehen kann.

Art. 227. Wer in eine öffentliche Urkunde eine falsche Angabe über eine Tatsache, deren Wahrheit die Urkunde erweisen soll, in der Absicht aufnehmen läßt, diese Urkunde zu gebrauchen oder von anderen gebrauchen zu lassen, als entspräche seine Angabe der Wahrheit, wird, wenn durch den Gebrauch ein Schaden entstehen kann, mit Gefängnis bis zu sechs Jahren bestraft.

Mit derselben Strafe wird bestraft, wer vorsätzlich von der Urkunde Gebrauch macht, als entspräche der Inhalt der Wahrheit, wenn durch diesen Gebrauch ein Schaden entstehen kann.

Art. 228. Der Arzt, der vorsätzlich eine falsche schriftliche Erklärung über eine Todesursache oder darüber abgibt, daß Krankheiten, Schwächen oder Gebrechen bestehen oder nicht bestehen, bestanden haben oder nicht bestanden haben, wird mit Gefängnis bis zu drei Jahren bestraft.

Wird die Erklärung in der Absicht abgegeben, jemand in eine Heil- und Pflegeanstalt aufnehmen oder dort zurückbehalten zu lassen, so wird Gefängnis bis zu sieben Jahren und sechs Monaten verhängt.

Mit denselben Strafen wird bestraft, wer vorsätzlich von der falschen Erklärung Gebrauch macht, als entspräche der Inhalt der Wahrheit.

Art. 229. Wer eine schriftliche ärztliche Erklärung über eine Todesursache oder darüber, daß Krankheiten, Schwächen oder Gebrechen bestehen oder nicht bestehen, bestanden haben oder nicht bestanden haben, fälschlich anfertigt oder verfälscht in der Absicht, eine Behörde oder Versicherer zu täuschen, wird mit Gefängnis bis zu drei Jahren bestraft.

Mit derselben Strafe wird bestraft, wer in der gleichen Absicht von der falschen oder verfälschten Erklärung Gebrauch macht, als sei sie echt und unverfälscht.

Art. 230. Wer ein Zeugnis über gute Führung, Fähigkeit, Armut, Gebrechen oder andere Umstände fälschlich anfertigt oder verfälscht in der Absicht, es zu gebrauchen oder von anderen gebrauchen zu lassen, um eingestellt zu werden oder um Wohlwollen und Unterstützung zu erreichen, wird mit Gefängnis bis zu einem Jahr bestraft.

Mit derselben Strafe wird bestraft, wer vorsätzlich von einem im ersten Absatz genannten falschen oder verfälschten Zeugnis Gebrauch macht, als wäre es echt und unverfälscht.

Art. 231. Wer einen Reisepaß, eine Kennkarte oder eine Reiseanordnung fälschlich anfertigt oder verfälscht, oder wer eine solche Urkunde auf einen falschen Namen oder Vornamen oder mit Bezeichnung einer falschen Stellung in der Absicht ausgeben läßt, sie zu gebrauchen oder von anderen gebrauchen zu lassen, als sei sie echt und unverfälscht oder als entspräche der Inhalt der Wahrheit, wird mit Gefängnis bis zu zwei Jahren bestraft.

Mit derselben Strafe wird bestraft, wer vorsätzlich von einer im ersten Absatz genannten falschen oder verfälschten Urkunde Gebrauch macht, als sei sie echt und unverfälscht oder als entspräche ihr Inhalt der Wahrheit.

Art. 232. (aufgehoben)

Art. 233. (aufgehoben)

Art. 234. Wer Stoffe oder Gegenstände besitzt, von denen er weiß, daß sie zur Begehung eines in Artikel 226 Nr. 2—5 bezeichneten Verbrechens bestimmt sind, wird mit Gefängnis bis zu sechs Monaten oder Geldstrafe bis zu sechshundert Gulden bestraft.

Die Stoffe und Gegenstände werden eingezogen.

Art. 235. Bei Verurteilung wegen eines der in den Artikeln 225—229 bezeichneten Verbrechen kann die Entziehung der in Artikel 28 Nr. 1—4 genannten Rechte ausgesprochen werden.

Titel XIII

Verbrechen gegen den Personenstand

Art. 236. Wer durch irgendeine Handlung vorsätzlich die Abstammung eines anderen ungewiß macht, wird wegen Verdunkelung des Personenstandes mit Gefängnis bis zu fünf Jahren bestraft.

Die Entziehung der in Artikel 28 Nr. 1—4 genannten Rechte kann ausgesprochen werden.

Art. 237. Mit Gefängnis bis zu vier Jahren wird bestraft:

1. wer vorsätzlich eine Doppelehe eingeht;
2. wer eine Ehe eingeht, obwohl er weiß, daß der andere Teil dadurch eine Doppelehe eingeht.

Hat derjenige, der vorsätzlich eine Doppelehe eingeht, dem anderen Teil seinen Ehestand verschwiegen, so wird er mit Gefängnis bis zu sechs Jahren bestraft.

Die Entziehung der in Artikel 28 Nr. 1—4 genannten Rechte kann ausgesprochen werden.

Art. 238. Der Unverheiratete, der eine Ehe eingeht und dabei vorsätzlich dem anderen Teil verschweigt, daß dagegen ein gesetzliches Hindernis besteht, wird, wenn auf Grund dieses Hindernisses die Ungültigkeit der Ehe ausgesprochen wird, mit Gefängnis bis zu vier Jahren bestraft.

Titel XIV

Verbrechen gegen die Sitten

Art. 239. Mit Gefängnis bis zu zwei Jahren oder Geldstrafe bis zu sechshundert Gulden wird bestraft:

1. die öffentliche Verletzung des Schamgefühls;
2. die Verletzung des Schamgefühls, bei der ein anderer gegen seinen Willen gegenwärtig ist.

Art. 240. Wer eine für das Schamgefühl anstößige Schrift, deren Inhalt er kennt, oder eine ihm bekannte für das Schamgefühl anstößige Abbildung oder einen solchen Gegenstand verbreitet, öffentlich ausstellt oder anschlägt oder, um verbreitet, öffentlich ausgestellt oder angeschlagen zu werden, herstellt, einführt, durchleitet, ausführt oder vorrätig hat oder öffentlich oder durch Verbreitung einer Schrift unverlangt anbietet oder als erwerbbar bezeichnet, wird mit Gefängnis bis zu einem Jahr oder Geldstrafe bis zu sechstausend Gulden bestraft. Mit derselben Strafe wird bestraft, wer den Inhalt einer solchen Schrift, wenn er ihn kennt, öffentlich zu Gehör bringt.

Wer eine für das Schamgefühl anstößige Schrift oder Abbildung oder einen solchen Gegenstand verbreitet, öffentlich ausstellt oder anschlägt oder, um verbreitet, öffentlich ausgestellt oder angeschlagen zu werden einführt, durchleitet, ausführt oder vorrätig hat oder öffentlich oder durch Verbreitung einer Schrift unverlangt anbietet oder als erwerbbar bezeichnet, wird, wenn er ernstliche Gründe zu der Vermutung hat, daß die Schrift, die Abbildung oder der Gegenstand für das Schamgefühl anstößig ist, mit Gefängnis oder Haft bis zu sechs Monaten oder Geldstrafe bis zu sechstausend Gulden bestraft. Mit derselben Strafe wird bestraft, wer den Inhalt einer solchen Schrift, wenn er ernstliche Gründe für die Vermutung hat, daß dieser für das Schamgefühl anstößig ist, öffentlich zu Gehör bringt.

Begeht der Schuldige das im ersten Absatz bezeichnete Verbrechen berufs- oder gewohnheitsmäßig, so kann Gefängnis bis zu zwei Jahren oder Geldstrafe bis zu zehntausend Gulden verhängt werden.

Art. 240*bis*. Mit Gefängnis bis zu sechs Monaten oder Geldstrafe bis zu zwölfhundert Gulden wird bestraft, wer einem Minderjährigen, von dem er weiß oder vernünftigerweise vermuten muß, daß er das Alter von achtzehn Jahren noch nicht erreicht hat, eine für das Schamgefühl anstößige Schrift oder Abbildung oder einen solchen Gegenstand oder ein Mittel zur Verhütung oder zur Unterbrechung der Schwangerschaft anbietet, dauernd oder zeitweilig überläßt, gibt oder zeigt, wenn der Inhalt der Schrift oder wenn die Abbildung, der Gegenstand oder das Mittel ihm bekannt ist.

Mit derselben Strafe wird bestraft, wer in Gegenwart eines im vorhergehenden Absatz genannten Minderjährigen den Inhalt einer für das Schamgefühl anstößigen Schrift, wenn dieser ihm bekannt ist, zu Gehör bringt.

Mit Gefängnis oder Haft bis zu drei Monaten oder Geldstrafe bis zu zwölfhundert Gulden wird bestraft, wer einem im ersten Absatz genannten Minderjährigen eine für das Schamgefühl anstößige Schrift oder Abbildung oder einen solchen Gegenstand oder ein Mittel zur Verhütung oder zur Unterbrechung der Schwangerschaft anbietet, dauernd oder zeitweilig überläßt, gibt oder zeigt oder den Inhalt einer für das Schamgefühl anstößigen Schrift in Gegenwart eines im ersten Absatz genannten Minderjährigen zu Gehör bringt, wenn er ernstliche Gründe für die Vermutung hat, daß die Schrift, die Abbildung oder der Gegenstand für das Schamgefühl anstößig ist oder daß das Mittel ein Mittel zur Verhütung oder zur Unterbrechung der Schwangerschaft ist.

Art. 240*ter*. Begeht der Schuldige eines der in den Artikeln 240 und 240*bis* bezeichneten Verbrechen in seinem Beruf und sind seit der Begehung des Verbrechens noch nicht zwei Jahre verstrichen, seit eine frühere Verurteilung wegen eines dieser Verbrechen für ihn rechtskräftig geworden ist, so kann ihm das Recht zur Ausübung dieses Berufes entzogen werden.

Art. 241. Mit Gefängnis bis zu sechs Monaten wird bestraft:

1. der Verheiratete, der Ehebruch verübt;
2. der Unverheiratete, der die Tat mitverübt, obwohl er weiß, daß der Mitschuldige verheiratet ist.

Die Verfolgung findet nur auf Antrag des beleidigten Ehegatten statt. Dem Antrag muß innerhalb von drei Monaten eine Klage auf Ehescheidung oder auf Trennung von Tisch und Bett wegen derselben Tat folgen.

Auf diesen Antrag finden die Artikel 64, 65 und 67 keine Anwendung.

Der Antrag kann zurückgenommen werden, solange die Hauptverhandlung noch nicht begonnen hat.

Dem Antrag wird nicht stattgegeben, solange nicht die Ehe durch Ehescheidung aufgelöst oder das Urteil, durch das die Trennung von Tisch und Bett ausgesprochen worden ist, rechtskräftig geworden ist.

Art. 242. Wer mit Gewalt oder Drohung mit Gewalt eine Frau zwingt, mit ihm außerhalb der Ehe Geschlechtsgemeinschaft zu haben, wird wegen Notzucht mit Gefängnis bis zu zwölf Jahren bestraft.

Art. 243. Wer außerhalb der Ehe Geschlechtsgemeinschaft mit einer Frau hat, von der er weiß, daß sie sich im Zustand der Bewußtlosigkeit oder Ohnmacht befindet, wird mit Gefängnis bis zu acht Jahren bestraft.

Art. 244. Wer mit einem unter zwölf Jahre alten Mädchen Geschlechtsgemeinschaft hat, wird mit Gefängnis bis zu zwölf Jahren bestraft.

Art. 245. Wer außerhalb der Ehe Geschlechtsgemeinschaft mit einer Frau hat, die das Alter von zwölf, jedoch noch nicht das von sechszehn Jahren erreicht hat, wird mit Gefängnis bis zu acht Jahren bestraft.

Die Verfolgung findet, außer in den Fällen der Artikel 248 und 249, nur auf Antrag statt.

Art. 246. Wer mit Gewalt oder Drohung mit Gewalt jemand zwingt, unzüchtige Handlungen zu verüben oder zu dulden, wird wegen tätlichen Angriffs auf das Schamgefühl mit Gefängnis bis zu acht Jahren bestraft.

Art. 247. Wer mit jemand, von dem er weiß, daß er sich im Zustand der Bewußtlosigkeit oder Ohnmacht befindet, oder mit jemand, der noch nicht sechzehn Jahre alt ist, unzüchtige Handlungen verübt oder den Letztgenannten zur Begehung oder Duldung solcher Handlungen oder außerhalb der Ehe zur Geschlechtsgemeinschaft mit einem Dritten verleitet, wird mit Gefängnis bis zu sechs Jahren bestraft.

Art. 248. Hat eines der in den Artikeln 243 und 245—247 bezeichneten Verbrechen eine schwere Körperverletzung zur Folge, so wird Gefängnis bis zu zwölf Jahren verhängt.

Hat eines der in den Artikeln 242—247 bezeichneten Verbrechen den Tod zur Folge, so wird Gefängnis bis zu fünfzehn Jahren verhängt.

Art. 248*a*. (aufgehoben)

Art. 248*bis*. Der Volljährige[1]), der mit einem Minderjährigen desselben Geschlechts, dessen Minderjährigkeit er kennt oder vernünftigerweise vermuten muß, Unzucht verübt, wird mit Gefängnis bis zu vier Jahren bestraft.

Art. 248*ter*. Wer durch Geschenke oder Versprechen von Geld oder Sachen, Mißbrauch einer sich aus den tatsächlichen Verhältnissen ergebenden überlegenen Stellung oder Täuschung einen unbescholtenen Minderjährigen, dessen Minderjährigkeit er kennt oder vernünftigerweise vermuten muß, vorsätzlich veranlaßt, unzüchtige Handlungen mit ihm zu verüben oder solche Handlungen von ihm zu dulden, wird mit Gefängnis bis zu vier Jahren bestraft.

Die Verfolgung findet nur auf Antrag desjenigen statt, gegen den das Verbrechen verübt worden ist.

Die Fristen gemäß Artikel 66 betragen für diesen Antrag sechs und zwölf Monate.

Art. 249. Wer mit seinem minderjährigen Kind, Stiefkind oder Pflegekind, seinem Mündel, einem seiner Sorge, Erziehung oder Aufsicht anvertrauten Minderjährigen oder seinem minderjährigen Angestellten oder Untergebenen Unzucht verübt, wird mit Gefängnis bis zu sechs Jahren bestraft.

Mit derselben Strafe wird bestraft:

1. der Beamte, der mit einer Person, die seiner Gewalt unterworfen oder seiner Aufsicht anvertraut oder anbefohlen ist, Unzucht verübt;
2. der Leiter, Arzt, Lehrer, Beamte, Aufseher oder Angestellte in einem Gefängnis, einem staatlichen Arbeitshaus, einer Erziehungsanstalt, einer Fürsorgeanstalt, einem Waisenhaus, einem Krankenhaus, einer Heil- und Pflegeanstalt oder einer Wohltätigkeitseinrichtung, der mit einer darin aufgenommenen Person Unzucht verübt.

Art. 250. Es wird bestraft:

1. mit Gefängnis bis zu vier Jahren, wer vorsätzlich bewirkt oder fördert, daß sein minderjähriges Kind, Stiefkind oder Pflegekind, sein Mündel, ein seiner Sorge, Erziehung oder Aufsicht anvertrauter Minderjähriger oder sein minderjähriger Angestellter oder Untergebener mit einem Dritten Unzucht verübt;
2. mit Gefängnis bis zu drei Jahren, wer außer in den unter Nr. 1 genannten Fällen vorsätzlich bewirkt oder fördert, daß ein Minderjähriger, dessen Minderjährigkeit er kennt oder vernünftigerweise vermuten muß, mit einem Dritten Unzucht verübt.

Verübt der Schuldige das Verbrechen berufs- oder gewohnheitsmäßig, so können die Strafen um ein Drittel erhöht werden.

Art. 250*bis*. Wer berufs- oder gewohnheitsmäßig vorsätzlich die Unzucht von anderen mit Dritten herbeiführt oder fördert, wird mit Gefängnis bis zu einem Jahr oder Geldstrafe bis zu zweitausend Gulden bestraft.

Art. 250*ter*. Der Frauenhandel und der Handel mit Minderjährigen männlichen Geschlechts wird mit Gefängnis bis zu fünf Jahren bestraft.

---

[1]) D. h. auch der für volljährig Erklärte.

Art. 251. Bei Verurteilung wegen eines der in den Artikeln 239, 241–247 und 248 *bis*–250 *ter* bezeichneten Verbrechen kann die Entziehung der in Artikel 28 Nr. 1–4 genannten Rechte ausgesprochen werden.

Begeht der Schuldige eines der in den Artikeln 248 *bis*–250 *ter* bezeichneten Verbrechen in seinem Beruf, so kann ihm das Recht zur Ausübung dieses Berufes entzogen werden.

Art. 251 *bis*. Wer vorsätzlich eine Frau in Behandlung nimmt oder sie sich einer Behandlung unterziehen läßt und dabei zu erkennen gibt oder die Erwartung erweckt, daß dadurch die Schwangerschaft unterbrochen werden kann, wird mit Gefängnis bis zu drei Jahren oder Geldstrafe bis zu sechstausend Gulden bestraft.

Hat der Schuldige aus Gewinnstreben gehandelt oder verübt er das Verbrechen berufs- oder gewohnheitsmäßig oder ist er Arzt, Hebamme oder Apotheker, so können die Strafen um ein Drittel erhöht werden.

Begeht der Schuldige das Verbrechen in seinem Beruf, so kann ihm das Recht zur Ausübung dieses Berufes entzogen werden.

Art. 252. Mit Gefängnis bis zu neun Monaten oder Geldstrafe bis zu sechshundert Gulden wird bestraft:

1. wer jemand, der sich im offenbaren Zustand der Trunkenheit befindet, berauschende Getränke verkauft oder verabreicht;
2. wer ein unter sechzehn Jahre altes Kind betrunken macht;
3. wer jemand mit Gewalt oder Drohung mit Gewalt zum Genuß berauschender Getränke zwingt.

Hat die Tat eine schwere Körperverletzung zur Folge, so wird der Schuldige mit Gefängnis bis zu sechs Jahren bestraft.

Hat die Tat den Tod zur Folge, so wird er mit Gefängnis bis zu neun Jahren bestraft.

Begeht der Schuldige das Verbrechen in seinem Beruf, so kann ihm das Recht zur Ausübung dieses Berufes entzogen werden.

Art. 253. Wer ein unter seiner gesetzlichen Gewalt stehendes unter zwölf Jahre altes Kind an einen anderen abgibt oder ihm überläßt, obwohl er weiß, daß es zum oder beim Ausüben von Bettelei, von gefährlichen Kunststücken oder von gefährlicher oder gesundheitsschädlicher Arbeit gebraucht werden soll, wird mit Gefängnis bis zu drei Jahren bestraft.

Art. 254. Mit Gefängnis bis zu sechs Monaten oder Geldstrafe bis zu sechshundert Gulden wird bestraft:

1. wer ohne vernünftigen Zweck oder unter Überschreitung dessen, was zur Erreichung eines solchen Zweckes zulässig ist, vorsätzlich einem Tier Schmerz oder eine Verletzung zufügt oder die Gesundheit eines Tieres beeinträchtigt;
2. wer ohne vernünftigen Zweck oder unter Überschreitung dessen, was zur Erreichung eines solchen Zweckes zulässig ist, vorsätzlich einem Tier, das ihm gehört oder mitgehört und unter seiner Aufsicht steht, oder einem Tier, zu dessen Wartung er verpflichtet ist, die notwendigen Lebensbedürfnisse vorenthält.

   Das Tier kann, wenn es dem Schuldigen gehört, eingezogen werden.

   Der Versuch dieses Verbrechens ist nicht strafbar.

Art. 254 *bis*. Mit Gefängnis bis zu zwei Jahren oder Geldstrafe bis zu zwölftausend Gulden wird bestraft:

1. wer das vorsätzliche Anbieten oder Geben von Gelegenheit zum Glücksspiel als Gewerbe ausübt oder vorsätzlich an einem Unternehmen dazu teilnimmt;

2. wer vorsätzlich der Öffentlichkeit Gelegenheit zum Glücksspiel anbietet oder gibt oder vorsätzlich an einem Unternehmen dazu teilnimmt, gleichgültig, ob das Gebrauchmachen von der Gelegenheit von einer Bedingung oder von der Beobachtung irgendeiner Form abhängig gemacht wird oder nicht;
3. wer die Teilnahme am Glücksspiel als Gewerbe ausübt.

Begeht der Schuldige das Verbrechen in seinem Beruf, so kann ihm das Recht zur Ausübung dieses Berufes entzogen werden.

Unter Glücksspiel wird jedes Spiel verstanden, bei dem im allgemeinen die Aussicht auf Gewinn vom Zufall abhängt, auch wenn die Aussicht mit der zunehmenden Übung oder der größeren Geschicklichkeit zunimmt. Darin sind inbegriffen alle Chancenverträge über den Ausgang von Wettkämpfen oder weiteren Spielen, die nicht zwischen denen, die daran teilnehmen, abgeschlossen werden, sowie alle Wetten. Darin sind nicht inbegriffen Lotterien, wie sie in Artikel 1 Absatz 1 des Lotteriegesetzes von 1905 bezeichnet sind.

Titel XV

Verlassen Hilfsbedürftiger

Art. 255. Wer vorsätzlich jemanden, zu dessen Unterhalt, Pflege oder Versorgung er kraft Gesetzes oder kraft Vertrages verpflichtet ist, in einen hilflosen Zustand versetzt oder in einem solchen Zustand beläßt, wird mit Gefängnis bis zu zwei Jahren oder Geldstrafe bis zu sechshundert Gulden bestraft.

Art. 256. Wer ein Kind unter sieben Jahren als Findelkind aussetzt oder in der Absicht, sich seiner zu entledigen, verläßt, wird mit Gefängnis bis zu vier Jahren und sechs Monaten bestraft.

Art. 257. Hat eine der in den Artikeln 255 und 256 bezeichneten Taten eine schwere Körperverletzung zur Folge, so wird der Schuldige mit Gefängnis bis zu sieben Jahren und sechs Monaten bestraft.

Hat eine dieser Taten den Tod zur Folge, so wird er mit Gefängnis bis zu neun Jahren bestraft.

Art. 258. Ist der des in Artikel 256 bezeichneten Verbrechens Schuldige der Vater oder die Mutter, so können für ihn die in den Artikeln 256 und 257 bestimmten Strafen um ein Drittel erhöht werden.

Art. 259. Wenn die Mutter unter dem Einfluß der Furcht vor der Entdeckung ihrer Niederkunft ihr Kind kurz nach der Geburt als Findelkind aussetzt oder in der Absicht, sich seiner zu entledigen, verläßt, wird die Höchststrafe der Artikel 256 und 257 auf die Hälfte vermindert.

Art. 260. Bei Verurteilung wegen eines der in den Artikeln 255—259 bezeichneten Verbrechen kann die Entziehung der in Artikel 28 Nr. 4 genannten Rechte ausgesprochen werden.

Titel XVI

Beleidigung

Art. 261. Wer vorsätzlich die Ehre oder den guten Namen eines anderen angreift, indem er ihm eine bestimmte Tat mit dem offenbaren Zweck, sie bekannt zu machen, zur Last legt, wird wegen Schmähung mit Gefängnis bis zu sechs Monaten oder Geldstrafe bis zu sechshundert Gulden bestraft.

Geschieht dies durch Schriften oder Abbildungen, die verbreitet, öffentlich ausgestellt oder angeschlagen werden, oder durch Schriften, deren Inhalt öffentlich zu Gehör gebracht wird, so wird der Täter wegen schriftlicher Schmähung mit Gefängnis bis zu einem Jahr oder Geldstrafe bis zu sechshundert Gulden bestraft.

Weder Schmähung noch schriftliche Schmähung liegt vor, soweit der Täter offenkundig im allgemeinen Interesse oder zur notwendigen Verteidigung gehandelt hat.

Art. 262. Wer das Verbrechen der Schmähung oder der schriftlichen Schmähung in den Fällen verübt, in denen der Wahrheitsbeweis für die zur Last gelegte Tat zulässig ist, wird, wenn er diesen Beweis nicht erbringt und die Anschuldigung wider besseres Wissen erfolgt ist, wegen Verleumdung mit Gefängnis bis zu drei Jahren bestraft.

Die Entziehung der in Artikel 28 Nr. 1—3 genannten Rechte kann ausgesprochen werden.

Art. 263. Der Wahrheitsbeweis für die zur Last gelegte Tat wird nur in den folgenden Fällen zugelassen:

1. wenn der Richter die Ermittlung der Wahrheit zur Beurteilung der Behauptung des Angeklagten, daß er im allgemeinen Interesse oder zur notwendigen Verteidigung gehandelt habe, für notwendig erachtet;
2. wenn einem Beamten eine in Ausübung seines Amtes begangene Tat zur Last gelegt wird.

Art. 264. Der Beweis gemäß Artikel 263 ist nicht zulässig, wenn die zur Last gelegte Tat nur auf Antrag verfolgt werden kann und kein Antrag gestellt worden ist.

Art. 265. Ist der Beleidigte durch richterliches Urteil der zur Last gelegten Tat rechtskräftig schuldig gesprochen, so ist die Verurteilung wegen Verleumdung ausgeschlossen.

Ist er durch richterliches Urteil von der zur Last gelegten Tat rechtskräftig freigesprochen, so gilt dieses Urteil als voller Beweis der Unwahrheit.

Ist gegen den Beleidigten wegen der ihm zur Last gelegten Tat ein Strafverfahren eingeleitet, so wird die Verfolgung wegen Verleumdung unterbrochen, bis durch Urteil rechtskräftig über die zur Last gelegte Tat entschieden ist.

Art. 266. Jede vorsätzliche Beleidigung, die nicht Schmähung oder schriftliche Schmähung ist und die einem anderen in der Öffentlichkeit mündlich oder durch eine Schrift oder Abbildung, in seiner Gegenwart mündlich oder durch Tätlichkeiten oder durch eine zugesandte oder angebotene Schrift oder Abbildung zugefügt wird, wird als einfache Beleidigung mit Gefängnis bis zu drei Monaten oder Geldstrafe bis zu sechshundert Gulden bestraft.

Art. 267. Die in den vorhergehenden Artikeln dieses Titels bestimmten Strafen können um ein Drittel erhöht werden, wenn die Beleidigung einem Beamten während oder wegen der rechtmäßigen Ausübung seines Amtes zugefügt wird.

Art. 268. Wer vorsätzlich gegen eine bestimmte Person bei der Behörde einen falschen Strafantrag oder eine falsche Anzeige, wodurch die Ehre oder der gute Name dieser Person angegriffen wird, schriftlich einreicht oder niederschreiben läßt, wird wegen verleumderischer Anklage mit Gefängnis bis zu drei Jahren bestraft.

Die Entziehung der in Artikel 28 Nr. 1—3 genannten Rechte kann ausgesprochen werden.

Art. 269. Die nach diesem Titel strafbare Beleidigung wird, außer im Fall des Artikels 267, nur auf Antrag desjenigen verfolgt, gegen den das Verbrechen verübt worden ist.

Art. 270. Wer in Beziehung auf einen Verstorbenen eine Tat verübt, die, wäre dieser noch am Leben, als schriftliche Schmähung oder Schmähung bezeichnet werden würde, wird mit Gefängnis bis zu drei Monaten oder Geldstrafe bis zu sechshundert Gulden bestraft.

Dieses Verbrechen wird nur auf Antrag eines der Blutsverwandten oder Verschwägerten des Verstorbenen in gerader Linie oder in der Seitenlinie bis zum zweiten Grad oder seines Ehegatten verfolgt.

Art. 271. Wer eine Schrift oder Abbildung mit beleidigendem oder einen Verstorbenen schmähenden Inhalt verbreitet, öffentlich ausstellt oder anschlägt oder, um verbreitet, öffentlich ausgestellt oder angeschlagen zu werden, vorrätig hat, wird, wenn er weiß oder ernstliche Gründe zu der Vermutung hat, daß der Inhalt der Schrift oder Abbildung so beschaffen ist, mit Gefängnis bis zu drei Monaten oder Geldstrafe bis zu sechshundert Gulden bestraft.

Mit derselben Strafe wird bestraft, wer in gleicher Kenntnis oder mit einem gleichen Grund zur Vermutung den Inhalt einer solchen Schrift öffentlich zu Gehör bringt.

Begeht der Schuldige eines der in diesem Artikel bezeichneten Verbrechen in seinem Beruf und sind zur Zeit der Begehung des Verbrechens noch nicht zwei Jahre verstrichen, seit eine frühere Verurteilung des Schuldigen wegen eines dieser Verbrechen rechtskräftig geworden ist, so kann ihm das Recht zur Ausübung dieses Berufes entzogen werden.

Die Verbrechen werden nur auf Antrag der in Artikel 269 und 270 Absatz 2 genannten Personen verfolgt, außer in dem Fall. in dem die Schrift oder Abbildung eine Beleidigung zum Inhalt hat, die gegen einen Beamten während oder wegen der rechtmäßigen Ausübung seines Amtes verübt worden ist.

Titel XVII

Verletzung von Geheimnissen

Art. 272. Wer vorsätzlich ein Geheimnis, das er auf Grund seines gegenwärtigen oder früheren Amtes oder Berufes zu bewahren verpflichtet ist, bekanntmacht, wird mit Gefängnis bis zu sechs Monaten oder Geldstrafe bis zu zwölfhundert Gulden bestraft.

Ist das Verbrechen gegen eine bestimmte Person verübt worden, so wird es nur auf deren Antrag verfolgt.

Art. 273. Wer vorsätzlich in bezug auf einen Handels- oder Gewerbebetrieb, bei dem er tätig ist oder gewesen ist, Einzelheiten bekannt macht, deren Geheimhaltung ihm auferlegt ist, wird mit Gefängnis bis zu sechs Monaten oder Geldstrafe bis zu zwölfhundert Gulden bestraft.

Mit derselben Strafe wird bestraft, wer das Verbot des Artikels 53*c* Absatz 2 des Handelsgesetzbuches vorsätzlich übertritt.

Die Verfolgung tritt nur auf Antrag des Vorstandes des Betriebes ein.

Titel XVIII

Verbrechen gegen die persönliche Freiheit

Art. 274. Wer für eigene oder fremde Rechnung Sklavenhandel treibt oder vorsätzlich mittelbar oder unmittelbar daran teilnimmt, wird mit Gefängnis bis zu zwölf Jahren bestraft.

Art. 275. Wer als Kapitän auf einem Wasserfahrzeug, von dem er weiß, daß es zum Betreiben von Sklavenhandel bestimmt ist, oder das er dazu gebraucht, in Dienst tritt oder Dienst tut, wird mit Gefängnis bis zu zwölf Jahren bestraft.

Hat die Beförderung den Tod eines oder mehrerer Sklaven zur Folge, so wird der Kapitän mit Gefängnis bis zu fünfzehn Jahren bestraft.

Art. 276. Wer als Angehöriger der Besatzung auf einem Wasserfahrzeug in Dienst tritt, von dem er weiß, daß es zum Betreiben von Sklavenhandel bestimmt ist oder gebraucht wird, oder freiwillig in Dienst bleibt, nachdem er von dieser Bestimmung oder diesem Gebrauch erfahren hat, wird mit Gefängnis bis zu neun Jahren bestraft.

Art. 277. Wer für eigene oder fremde Rechnung mittelbar oder unmittelbar dazu mitwirkt, ein Wasserfahrzeug, von dem er weiß, daß es zum Betreiben von Sklavenhandel bestimmt ist, zu vermieten, zu verfrachten oder zu versichern, wird mit Gefängnis bis zu acht Jahren bestraft.

Art. 278. Wer jemand in der Absicht, ihn widerrechtlich in die Gewalt eines anderen zu bringen oder ihn in hilflosen Zustand zu versetzen, über die Grenzen des europäischen Reichsgebietes führt, wird wegen Menschenraubes mit Gefängnis bis zu zwölf Jahren bestraft.

Art. 279. Wer vorsätzlich einen Minderjährigen der gesetzmäßigen Gewalt, der er untersteht, oder der Aufsicht desjenigen, der sie befugt über ihn ausübt, entzieht, wird mit Gefängnis bis zu sechs Jahren bestraft.

Gefängnis bis zu neun Jahren wird verhängt, wenn List, Gewalt oder Drohung mit Gewalt angewendet worden ist oder wenn der Minderjährige unter zwölf Jahre alt ist.

Art. 280. Wer vorsätzlich einen Minderjährigen, der der gesetzmäßigen Gewalt, der er untersteht, oder der Aufsicht desjenigen, der sie befugt über ihn ausübt, entzogen worden ist oder sich entzogen hat, verbirgt oder der Nachforschung der Beamten der Justiz oder Polizei entzieht, wird mit Gefängnis bis zu drei Jahren oder, wenn der Minderjährige unter zwölf Jahre alt ist, mit Gefängnis bis zu sechs Jahren bestraft.

Art. 281. Wegen Entführung wird bestraft:

1. mit Gefängnis bis zu sechs Jahren, wer eine minderjährige Frau ohne den Willen ihrer Eltern oder ihrer Vormünder, jedoch mit ihrer Zustimmung in der Absicht entführt, sich ihres Besitzes innerhalb oder außerhalb der Ehe zu versichern;
2. mit Gefängnis bis zu neun Jahren, wer eine Frau durch List, Gewalt oder Drohung mit Gewalt in der Absicht entführt, sich ihres Besitzes innerhalb oder außerhalb der Ehe zu versichern.

Die Verfolgung tritt nur auf Antrag ein.

Der Antrag wird gestellt:

a) wenn die Frau zur Zeit der Entführung minderjährig ist, von ihr selbst oder von demjenigen, dessen Zustimmung sie zu einer Eheschließung bedarf;

b) wenn sie zur Zeit der Entführung volljährig ist, von ihr selbst oder von ihrem Ehegatten.

Hat der Entführer mit der Entführten die Ehe geschlossen, so findet die Verfolgung nur statt, nachdem die Ehe für nichtig erklärt worden ist.

Art. 282. Wer vorsätzlich einen anderen widerrechtlich der Freiheit beraubt oder eine Freiheitsberaubung aufrechterhält, wird mit Gefängnis bis zu sieben Jahren und sechs Monaten bestraft.

Hat die Tat eine schwere Körperverletzung zur Folge, so wird der Schuldige mit Gefängnis bis zu neun Jahren bestraft.

Hat die Tat den Tod zur Folge, so wird er mit Gefängnis bis zu zwölf Jahren bestraft.

Die in diesem Artikel bestimmten Strafen finden auch Anwendung auf denjenigen, der vorsätzlich einen Ort für die widerrechtliche Freiheitsberaubung zur Verfügung stellt.

Art. 283. Wer fahrlässig bewirkt, daß ein anderer widerrechtlich der Freiheit beraubt wird oder beraubt bleibt, wird mit Haft bis zu drei Monaten oder Geldstrafe bis zu sechshundert Gulden bestraft.

Hat die Tat eine schwere Körperverletzung zur Folge, so wird der Schuldige mit Haft bis zu neun Monaten bestraft.

Hat die Tat den Tod zur Folge, so wird er mit Haft bis zu einem Jahr bestraft.

Art. 284. Mit Gefängnis bis zu neun Monaten oder Geldstrafe bis zu sechshundert Gulden wird bestraft:

1. wer einen anderen durch Gewalt oder eine andere Tätlichkeit oder durch Drohung mit Gewalt oder einer anderen Tätlichkeit gegen den anderen oder gegen Dritte widerrechtlich zwingt, etwas zu tun, zu unterlassen oder zu dulden;
2. wer einen anderen durch Bedrohung mit Schmähung oder schriftlicher Schmähung zwingt, etwas zu tun, zu unterlassen oder zu dulden.

In dem unter Nr. 2 bezeichneten Fall wird das Verbrechen nur auf Antrag desjenigen verfolgt, gegen den es verübt worden ist.

Art. 285. Drohung mit offener Gewalt mit vereinten Kräften gegen Personen oder Sachen, mit einem Verbrechen, durch das die allgemeine Sicherheit von Personen oder Sachen gefährdet wird, mit Notzucht, mit einem tätlichen Angriff auf das Schamgefühl, mit einem gegen das Leben gerichteten Verbrechen, mit schwerer Mißhandlung oder mit Brandstiftung, wird mit Gefängnis bis zu zwei Jahren bestraft.

Erfolgt die Drohung schriftlich und unter einer bestimmten Bedingung, so wird sie mit Gefängnis bis zu vier Jahren bestraft.

Art. 286. Bei Verurteilung wegen eines der in den Artikeln 274—282 und 285 Absatz 2 bezeichneten Verbrechen kann die Entziehung der in Artikel 28 Nr. 1—4 genannten Rechte ausgesprochen werden.

Titel XIX

Verbrechen gegen das Leben

Art. 287. Wer vorsätzlich einen anderen tötet, wird wegen Totschlags mit Gefängnis bis zu fünfzehn Jahren bestraft.

Art. 288. Wird der Totschlag vor, bei oder nach einer Straftat und in der Absicht verübt, die Ausführung dieser Tat vorzubereiten oder zu erleichtern oder beim Betroffenwerden auf frischer Tat sich selbst oder anderen Teilnehmern an dieser Tat Straflosigkeit oder den Besitz des widerrechtlich Erlangten zu sichern, wird mit lebenslänglicher Gefängnisstrafe oder mit Gefängnis bis zu zwanzig Jahren bestraft.

Art. 289. Wer vorsätzlich und mit Vorbedacht einen anderen tötet, wird wegen Mordes mit lebenslänglicher Gefängnisstrafe oder mit Gefängnis bis zu zwanzig Jahren bestraft.

Art. 290. Die Mutter, die unter dem Einfluß der Furcht vor der Entdeckung ihrer Niederkunft ihr Kind bei oder kurz nach der Geburt vorsätzlich tötet, wird wegen Kindestotschlags mit Gefängnis bis zu sechs Jahren bestraft.

Art. 291. Die Mutter, die zur Ausführung eines unter dem Einfluß der Furcht vor der Entdeckung ihrer bevorstehenden Niederkunft gefaßten Entschlusses ihr Kind bei oder kurz nach der Geburt vorsätzlich tötet, wird wegen Kindesmordes mit Gefängnis bis zu neun Jahren bestraft.

Art. 292. Die in den Artikeln 290 und 291 bezeichneten Verbrechen gelten in Ansehung anderer, die daran teilnehmen, als Totschlag oder Mord.

Art. 293. Wer einen anderen auf dessen ausdrückliches und ernstliches Verlangen tötet, wird mit Gefängnis bis zu zwölf Jahren bestraft.

Art. 294. Wer vorsätzlich einen anderen zum Selbstmord antreibt, ihm dabei behilflich ist oder ihm die Mittel dazu verschafft, wird, wenn der Selbstmord erfolgt, mit Gefängnis bis zu drei Jahren bestraft.

Art. 295. Die Frau, die vorsätzlich die Abtreibung oder den Tod ihrer Leibesfrucht verursacht oder durch einen anderen verursachen läßt, wird mit Gefängnis bis zu drei Jahren bestraft.

Art. 296. Wer vorsätzlich die Abtreibung oder den Tod der Leibesfrucht einer Frau ohne ihre Zustimmung verursacht, wird mit Gefängnis bis zu zwölf Jahren bestraft.

Hat die Tat den Tod der Frau zur Folge, wird er mit Gefängnis bis zu fünfzehn Jahren bestraft.

Art. 297. Wer vorsätzlich die Abtreibung oder den Tod der Leibesfrucht einer Frau mit ihrer Zustimmung verursacht, wird mit Gefängnis bis zu vier Jahren und sechs Monaten bestraft.

Hat die Tat den Tod der Frau zur Folge, wird er mit Gefängnis bis zu sechs Jahren bestraft.

Art. 298. Hat ein Arzt, eine Hebamme oder ein Apotheker zu dem Verbrechen des Artikels 295 Beihilfe geleistet oder ist er eines der in den Artikeln 296 und 297 bezeichneten Verbrechens schuldig oder hat er dazu Beihilfe geleistet, so können die in diesen Artikeln bestimmten Strafen um ein Drittel erhöht werden und kann ihm das Recht zur Ausübung des Berufes, in dem er das Verbrechen begeht, entzogen werden.

Art. 299. Bei Verurteilung wegen Totschlags, wegen Mordes oder wegen eines der in den Artikeln 293, 296 und 297 bezeichneten Verbrechen kann die Entziehung der in Artikel 28 Nr. 1—4 genannten Rechte ausgesprochen werden.

Titel XX

Mißhandlung

Art. 300. Mißhandlung wird mit Gefängnis bis zu zwei Jahren oder Geldstrafe bis zu sechshundert Gulden bestraft.

Hat die Tat eine schwere Körperverletzung zur Folge, so wird der Schuldige mit Gefängnis bis zu vier Jahren bestraft.

Hat die Tat den Tod zur Folge, so wird er mit Gefängnis bis zu sechs Jahren bestraft.

Der Mißhandlung wird die vorsätzliche Beeinträchtigung der Gesundheit gleichgestellt.

Der Versuch dieses Verbrechens ist nicht strafbar.

Art. 301. Die mit Vorbedacht verübte Mißhandlung wird mit Gefängnis bis zu drei Jahren bestraft.

Hat die Tat eine schwere Körperverletzung zur Folge, so wird der Schuldige mit Gefängnis bis zu sechs Jahren bestraft.

Hat die Tat den Tod zur Folge, so wird er mit Gefängnis bis zu neun Jahren bestraft.

Art. 302. Wer einem anderen vorsätzlich eine schwere Körperverletzung zufügt, wird wegen schwerer Mißhandlung mit Gefängnis bis zu acht Jahren bestraft.

Hat die Tat den Tod zur Folge, so wird der Schuldige mit Gefängnis bis zu zehn Jahren bestraft.

Art. 303. Die mit Vorbedacht verübte schwere Mißhandlung wird mit Gefängnis bis zu zwölf Jahren bestraft.

Hat die Tat den Tod zur Folge, so wird der Schuldige mit Gefängnis bis zu fünfzehn Jahren bestraft.

Art. 304. Die in den Artikeln 300—303 bestimmten Strafen können um ein Drittel erhöht werden:

1. in Ansehung des Schuldigen, der das Verbrechen gegen seine Mutter, seinen gesetzmäßigen Vater, seinen Ehegatten oder sein Kind begeht;
2. wenn das Verbrechen gegen einen Beamten während oder wegen der rechtmäßigen Ausübung seines Amtes verübt wird;
3. wenn das Verbrechen durch Beibringung von Stoffen, die für das Leben oder für die Gesundheit schädlich sind, verübt wird.

Art. 305. Bei Verurteilung wegen eines der in den Artikeln 301 und 303 bezeichneten Verbrechen kann die Entziehung der in Artikel 28 Nr. 1—4 genannten Rechte ausgesprochen werden.

Art. 306. Diejenigen, die vorsätzlich an einem Angriff, an dem verschiedene Personen beteiligt, oder einer Schlägerei, in die verschiedene Personen verwickelt sind, teilnehmen, werden vorbehaltlich der Verantwortlichkeit eines jeden für die besonderen von ihm begangenen Taten bestraft:

1. mit Gefängnis bis zu zwei Jahren, wenn der Angriff oder die Schlägerei nur eine schwere Körperverletzung zur Folge hat;
2. mit Gefängnis bis zu drei Jahren, wenn der Angriff oder die Schlägerei den Tod eines anderen zur Folge hat.

Titel XXI

Verursachen des Todes oder einer Körperverletzung durch Fahrlässigkeit

Art. 307. Wer fahrlässig den Tod eines anderen herbeiführt, wird mit Gefängnis oder Haft bis zu neun Monaten bestraft.

Art. 308. Wer fahrlässig bewirkt, daß ein anderer eine schwere Körperverletzung oder eine solche Körperverletzung erleidet, aus der zeitweilige Krankheit oder

Unfähigkeit zur Ausübung seiner Amts- oder Berufsverrichtungen herrührt, wird mit Gefängnis oder Haft bis zu sechs Monaten bestraft.

Art. 309. Werden die in diesem Titel bezeichneten Verbrechen in Ausübung eines Amtes oder Berufes begangen, so kann die Strafe um ein Drittel erhöht werden, kann die Entziehung des Rechtes zur Ausübung des Berufes, in dem das Verbrechen verübt worden ist, ausgesprochen werden und kann der Richter die Veröffentlichung seines Urteils anordnen.

Titel XXII

Diebstahl und Feldfrevel

Art. 310. Wer eine Sache, die ganz oder teilweise einem anderen gehört, in der Absicht wegnimmt, sie sich widerrechtlich zuzueignen, wird wegen Diebstahls mit Gefängnis bis zu vier Jahren oder Geldstrafe bis zu hundertundzwanzig Gulden bestraft.

Art. 311. Mit Gefängnis bis zu sechs Jahren wird bestraft:

1. Diebstahl von Vieh von der Weide;
2. Diebstahl bei Gelegenheit von Brand, einer Explosion, Wassersnot, eines Schiffbruchs, einer Strandung, eines Eisenbahnunfalls, eines Aufruhrs, einer Meuterei oder Kriegsnot;
3. Diebstahl während der für die Nachtruhe bestimmten Zeit in einer Wohnung oder auf einem abgeschlossenen Grundstück, auf dem sich eine Wohnung befindet, durch jemanden, der sich dort ohne Wissen oder gegen den Willen des Berechtigten befindet;
4. Diebstahl, der von zwei oder mehr Personen gemeinsam verübt wird;
5. Diebstahl, bei dem der Schuldige mittels Einbruchs, Erbrechens oder Einsteigens, falscher Schlüssel, eines gefälschten Auftrags oder falscher Kleidung sich den Zugang zu dem Ort des Verbrechens verschafft oder die wegzunehmende Sache in seinen Bereich gebracht hat.

Liegt bei dem unter Nr. 3 bezeichneten Diebstahl einer der unter Nr. 4 und 5 genannten Umstände vor, so wird Gefängnis bis zu neun Jahren verhängt.

Art. 312. Mit Gefängnis bis zu neun Jahren wird der Diebstahl nach, bei oder vor Anwendung von Gewalt oder Drohung mit Gewalt gegen Personen bestraft, wenn diese in der Absicht erfolgt ist, diesen Diebstahl vorzubereiten oder zu erleichtern oder beim Betroffenwerden auf frischer Tat sich selbst oder anderen Teilnehmern an dem Verbrechen die Flucht zu ermöglichen oder den Besitz des Gestohlenen zu sichern.

Gefängnis bis zu zwölf Jahren wird verhängt:

1. wenn die Tat während der für die Nachtruhe bestimmten Zeit in einer Wohnung oder auf einem abgeschlossenen Grundstück, auf dem sich eine Wohnung befindet, oder wenn sie auf einem öffentlichen Wege oder in einem in Bewegung befindlichen Eisenbahnzuge verübt wird;
2. wenn die Tat von zwei oder mehr Personen gemeinsam verübt wird;
3. wenn der Schuldige sich den Zugang zu dem Ort des Verbrechens mittels Einbruchs oder Einsteigens, falscher Schlüssel, eines gefälschten Auftrags oder falscher Kleidung verschafft hat;
4. wenn die Tat eine schwere Körperverletzung zur Folge hat.

Gefängnis bis zu fünfzehn Jahren wird verhängt, wenn die Tat den Tod zur Folge hat.

Art. 313. Bei Verurteilung wegen Diebstahls kann die Entziehung der in Artikel 28 Nr. 1—4 genannten Rechte ausgesprochen werden.

Art. 314. Wer, ohne Gewalt oder Drohung mit Gewalt gegen Personen, ganz oder teilweise einem anderen gehörenden Ton, ausgebaggerten Boden, ungestochenen Torf, Sand, Erde, Kies, Schutt, Dünger, Soden, Plaggen, Heide, Strandhafer, Seegras, Ried, Binsen, Moos, unbearbeitetes und nicht befördertes Schlagholz oder Reisig, ungepflückte oder abgefallene Baumfrüchte oder Blätter, auf dem Felde stehendes Gras oder auf dem Felde stehende oder nach der Ernte zurückgebliebene Feldfrüchte in der Absicht wegnimmt, sich diese Gegenstände widerrechtlich zuzueignen, wird wegen Feldfrevels mit Gefängnis bis zu einem Monat oder Geldstrafe bis zu hundertundzwanzig Gulden bestraft.

Sind zur Zeit der Begehung des Verbrechens noch nicht zwei Jahre verstrichen, seit eine frühere Verurteilung des Schuldigen wegen des gleichen Verbrechens rechtskräftig gworden ist, so wird er mit Gefängnis bis zu zwei Monaten bestraft.

Art. 315. Mit Gefängnis bis zu drei Jahren oder Geldstrafe bis zu hundertundzwanzig Gulden wird bestraft:

1. Feldfrevel, der mit Hilfe von Wasserfahrzeugen, Wagen, Zug- oder Lasttieren verübt wird;
2. Feldfrevel, der unter einem oder mehreren der in Artikel 311 Nr. 2—5 genannten Umstände verübt wird.

Die Entziehung der in Artikel 28 Nr. 1—4 genannten Rechte kann ausgesprochen werden.

Art. 316. Ist der Täter oder der Gehilfe bei einem der in diesem Titel bezeichneten Verbrechen der nicht von Tisch und Bett getrennt oder in Gütertrennung lebende Ehegatte desjenigen, gegen den das Verbrechen verübt worden ist, so ist die Strafverfolgung gegen diesen Täter oder gegen diesen Gehilfen ausgeschlossen.

Ist er dessen von Tisch und Bett getrennt oder in Gütertrennung lebender Ehegatte oder sein Bluts- oder Anverwandter in gerader Linie oder im zweiten Grad der Seitenlinie, so tritt die Verfolgung, soweit sie ihn betrifft, nur auf einen gegen ihn gerichteten Antrag desjenigen ein, gegen den das Verbrechen verübt worden ist.

Titel XXIII

Erpressung und Abnötigung

Art. 317. Wer in der Absicht, sich oder einem anderen widerrechtlich einen Vorteil zu verschaffen, durch Gewalt oder Drohung mit Gewalt jemanden zur Herausgabe einer Sache, die ganz oder teilweise diesem oder einem Dritten gehört, oder zur Eingehung einer Schuld oder Aufhebung einer Forderung zwingt, wird wegen Erpressung mit Gefängnis bis zu neun Jahren bestraft.

Die Bestimmungen des zweiten und dritten Absatzes des Artikels 312 finden auf dieses Verbrechen Anwendung.

Art. 318. Wer in der Absicht, sich oder einem anderen widerrechtlich einen Vorteil zu verschaffen, durch Drohung mit Schmähung, schriftlicher Schmähung oder Offenbarung eines Geheimnisses jemanden zur Herausgabe einer Sache, die ganz oder teilweise diesem oder einem Dritten gehört, oder zur Eingehung einer Schuld oder Aufhebung einer Forderung zwingt, wird wegen Abnötigung mit Gefängnis bis zu drei Jahren bestraft.

Dieses Verbrechen wird nur auf Antrag desjenigen verfolgt, gegen den es verübt worden ist.

Art. 319. Die Bestimmung des Artikels 316 findet auf die in diesem Titel bezeichneten Verbrechen Anwendung.

Art. 320. Bei Verurteilung wegen eines der in diesem Titel bezeichneten Verbrechen kann die Entziehung der in Artikel 28 Nr. 1—4 genannten Rechte ausgesprochen werden.

Titel XXIV

Unterschlagung

Art. 321. Wer vorsätzlich eine Sache, die ganz oder teilweise einem anderen gehört und die er auf andere Weise als durch ein Verbrechen in seinem Gewahrsam hat, sich widerrechtlich zueignet, wird wegen Unterschlagung mit Gefängnis bis zu drei Jahren oder Geldstrafe bis zu hundertundzwanzig Gulden bestraft.

Art. 322. Die Unterschlagung, die von demjenigen verübt wird, der die Sache auf Grund seines persönlichen Dienstverhältnisses oder seines Berufes oder gegen geldliche Entschädigung in seinem Gewahrsam hat, wird mit Gefängnis bis zu vier Jahren bestraft.

Art. 323. Die Unterschlagung, die von demjenigen, dem die Sache in einem Notstand in Verwahrung gegeben worden ist, oder von Vormündern, Kuratoren, Verwaltern, Vollstreckern von letztwilligen Verfügungen oder Leitern von Wohltätigkeitseinrichtungen oder von Stiftungen hinsichtlich einer Sache verübt wird, die sie als solche in ihrem Gewahrsam haben, wird mit Gefängnis bis zu fünf Jahren bestraft.

Art. 324. Die Bestimmung des Artikels 316 findet auf die in diesem Titel bezeichneten Verbrechen Anwendung.

Art. 325. Bei Verurteilung wegen eines der in diesem Titel bezeichneten Verbrechen kann der Richter die Veröffentlichung seines Urteils anordnen und die Entziehung der in Artikel 28 Nr. 1—4 genannten Rechte aussprechen.

Begeht der Schuldige das Verbrechen in seinem Beruf, so kann ihm das Recht zur Ausübung dieses Berufes entzogen werden.

Titel XXV

Betrügerei

Art. 326. Wer in der Absicht, sich oder einem anderen widerrechtlich einen Vorteil zu verschaffen, durch das Annehmen eines falschen Namens oder einer falschen Eigenschaft, durch listige Kunstgriffe oder durch ein Lügengewebe jemanden zur Herausgabe einer Sache oder zur Eingehung einer Schuld oder Aufhebung einer Forderung bewegt, wird wegen Betruges mit Gefängnis bis zu drei Jahren bestraft.

Art. 326*a*. Wer berufs- oder gewohnheitsmäßig Sachen in der Absicht kauft, sich oder einem anderen ohne vollständige Bezahlung die Verfügung über diese Sachen zu sichern, wird mit Gefängnis bis zu drei Jahren bestraft.

Art. 326*bis*. Mit Gefängnis bis zu zwei Jahren oder Geldstrafe bis zu zehntausend Gulden wird bestraft:

1. wer auf oder in einem Werk der Literatur, der Wissenschaft, der Kunst oder des Gewerbes fälschlich einen Namen oder ein Zeichen anbringt oder den echten Namen oder das echte Zeichen in der Absicht verfälscht, dadurch

glaubhaft zu machen, daß das Werk von der Hand desjenigen herrühre, dessen Namen oder Zeichen er darauf oder darin angebracht hat;

2. wer vorsätzlich ein Werk der Literatur, der Wissenschaft, der Kunst oder des Gewerbes, auf dem oder in dem fälschlich ein Name oder ein Zeichen angebracht oder der echte Name oder das echte Zeichen verfälscht ist, verkauft, zum Kauf anbietet, ausliefert, zum Verkauf vorrätig hat oder in das europäische Reichsgebiet einführt, als rühre das Werk von der Hand desjenigen her, dessen Name oder Zeichen darauf oder darin fälschlich angebracht ist.

Das Werk kann eingezogen werden, wenn es dem Verurteilten gehört.

Art. 327. Wer durch listige Kunstgriffe den Versicherer hinsichtlich von Umständen, die sich auf die Versicherung beziehen, in einen Irrtum versetzt, so daß dieser einen Vertrag abschließt, den er nicht oder nicht unter denselben Bedingungen abgeschlossen haben würde, wenn er den wahren Sachverhalt gekannt hätte, wird mit Gefängnis bis zu einem Jahr bestraft.

Art. 328. Wer in der Absicht, sich oder einem anderen zum Nachteil des Versicherers widerrechtlich einen Vorteil zu verschaffen, an einer gegen Brandgefahr versicherten Sache Brand stiftet oder eine Explosion verursacht oder ein Wasserfahrzeug, das versichert ist oder dessen Ladung oder Frachtlohn versichert ist, sinken oder stranden läßt, zerstört, unbrauchbar macht oder beschädigt, wird mit Gefängnis bis zu vier Jahren bestraft.

Art. 328 *bis*. Wer, um sein oder eines anderen Handels- oder Wirtschaftsgebiet zu schaffen, zu behalten oder auszubreiten, eine betrügerische Handlung zur Täuschung der Öffentlichkeit oder einer bestimmten Person verübt, wird, wenn daraus ein Nachteil für seine oder des anderen Konkurrenten entstehen kann, wegen unlauteren Wettbewerbs mit Gefängnis bis zu einem Jahr oder Geldstrafe bis zu achtzehnhundert Gulden bestraft.

Art. 329. Mit Gefängnis bis zu einem Jahr wird der Verkäufer bestraft, der den Käufer betrügt:

1. indem er demjenigen, der einen bestimmt bezeichneten Gegenstand kauft, vorsätzlich an dessen Stelle etwas anderes liefert;
2. durch Anwendung listiger Kunstgriffe hinsichtlich der Art, der Eigenschaft oder der Menge des Gelieferten.

Art. 329 *bis*. Der Inhaber eines Konnossements, der vorsätzlich über mehrere Ausfertigungen davon zugunsten verschiedener Erwerber gegen Entgelt verfügt, wird mit Gefängnis bis zu zwei Jahren bestraft.

Art. 330. Wer Eßwaren, Getränke oder Heilmittel verkauft, zum Kauf anbietet oder ausliefert, obwohl er weiß, daß sie verfälscht sind, und die Verfälschung verschweigt, wird mit Gefängnis bis zu drei Jahren bestraft.

Eßwaren, Getränke oder Heilmittel sind verfälscht, wenn ihr Wert oder ihre Brauchbarkeit durch Beimengung fremder Bestandteile gemindert ist.

Art. 331. Mit Gefängnis bis zu sechs Jahren wird der Unternehmer oder Baumeister eines Baues oder der Verkäufer von Baustoffen bestraft, der bei der Ausführung des Baues oder der Lieferung der Stoffe eine betrügerische Handlung verübt, durch die die Sicherheit von Personen oder Sachen oder die Sicherheit des Staates in Kriegszeit gefährdet werden kann.

Mit derselben Strafe wird bestraft, wer mit der Beaufsichtigung des Baues oder der Lieferung der Stoffe beauftragt ist und die betrügerische Handlung vorsätzlich zuläßt.

Art. 332. Wer bei Lieferung des Bedarfs für die Flotte oder das Heer eine betrügerische Handlung verübt, durch die die Sicherheit des Staates in Kriegszeit gefährdet werden kann, wird mit Gefängnis bis zu sechs Jahren bestraft.

Mit derselben Strafe wird bestraft, wer mit der Beaufsichtigung der Lieferung der Sachen beauftragt ist und die betrügerische Handlung vorsätzlich zuläßt.

Art. 333. Wer in der Absicht, sich oder einem anderen widerrechtlich einen Vorteil zu verschaffen, dasjenige, was zur Kennzeichnung von Grundstücksgrenzen dient, zerstört, versetzt, entfernt oder unbrauchbar macht, wird mit Gefängnis bis zu zwei Jahren bestraft.

Art. 334. Wer in der Absicht, sich oder einem anderen widerrechtlich einen Vorteil zu verschaffen, durch Verbreitung eines lügenhaften Berichtes den Preis von Handelswaren, Wertpapieren oder geldwerten Papieren steigen oder fallen läßt, wird mit Gefängnis bis zu zwei Jahren bestraft.

Art. 335. Wer die Unterbringung von Schuldverschreibungen oder Zertifikaten von Schuldverschreibungen eines Staates, einer Provinz, Gemeinde oder öffentlichen Einrichtung oder einer natürlichen Person oder von Schuldverschreibungen oder Anteilscheinen einer bestehenden oder zu gründenden Vereinigung, Stiftung oder Gesellschaft oder von Zertifikaten solcher Schuldverschreibungen oder Anteilscheine übernimmt oder dabei mitwirkt und die Öffentlichkeit durch vorsätzliches Verschweigen oder Entstellen wahrer oder Vorspiegeln falscher Tatsachen oder Umstände zur Zeichnung oder Beteiligung zu bewegen trachtet, wird mit Gefängnis bis zu drei Jahren bestraft.

Mit derselben Strafe werden die natürliche Person und der Angehörige des Vorstands, der geschäftsführende Gesellschafter und der Angehörige des Aufsichtsrats der Vereinigung, Stiftung oder Gesellschaft bestraft, die die Begehung der Tat vorsätzlich zulassen.

Art. 336. Der Kaufmann, der Angehörige des Vorstands, geschäftsführende Gesellschafter oder Angehörige des Aufsichtsrats einer Gesellschaft oder genossenschaftlichen Vereinigung, der vorsätzlich ein unrichtiges Inventar oder eine unrichtige Bilanz, Gewinn- und Verlustrechnung oder Erläuterung zu einer dieser Urkunden veröffentlicht oder eine solche Veröffentlichung vorsätzlich zuläßt, wird mit Gefängnis bis zu einem Jahr bestraft.

Art. 337. Wer vorsätzlich Waren, die selbst oder auf ihrer Verpackung fälschlich mit dem Handelsnamen eines anderen oder mit dem Warenzeichen, das ein anderer zu führen berechtigt ist, oder zur Bezeichnung der Herkunft mit dem Namen eines bestimmten Ortes unter Beifügung eines erdichteten Handelsnamens versehen sind, oder auf denen oder auf deren Verpackung ein solcher Handelsname oder ein solches Warenzeichen, sei es auch mit einer geringen Abweichung, nachgeahmt ist, in das europäische Reichsgebiet ohne die offenkundige Bestimmung zur Wiederausfuhr einführt, verkauft, zum Kauf anbietet, ausliefert, verteilt oder zum Verkauf oder zur Verteilung vorrätig hat, wird mit Gefängnis bis zu drei Monaten oder Geldstrafe bis zu zwölfhundert Gulden bestraft.

Sind zur Zeit der Begehung des Verbrechens noch nicht fünf Jahre verstrichen, seit eine frühere Verurteilung des Schuldigen wegen des gleichen Verbrechens rechtskräftig geworden ist, so kann Gefängnis bis zu sechs Monaten verhängt werden.

Art. 338. Die Bestimmung des Artikels 316 findet auf die in diesem Titel bezeichneten Verbrechen Anwendung.

Art. 339. Bei Verurteilung wegen eines der in diesem Titel bezeichneten Verbrechen kann der Richter die Veröffentlichung seines Urteils anordnen und kann dem Schuldigen das Recht zur Ausübung des Berufs, in dem er das Verbrechen begangen hat, entzogen werden.

Bei Verurteilung wegen eines der in den Artikeln 326, 328, 331 und 332 bezeichneten Verbrechen kann die Entziehung der in Artikel 28 Nr. 1—4 genannten Rechte ausgesprochen werden.

Titel XXVI

Benachteiligung von Gläubigern oder Berechtigten

Art. 340. Wer in Konkurs geraten ist, wird wegen einfachen Bankrotts mit Gefängnis bis zu einem Jahr bestraft:

1. wenn seine Aufwendungen übermäßig gewesen sind;
2. wenn er in der Absicht, das Konkursverfahren hinauszuschieben, und obwohl er wußte, daß es dadurch nicht verhindert werden konnte, unter belastenden Bedingungen Geld aufgenommen hat;
3. wenn er die Bücher und Unterlagen, in denen er auf Grund von Artikel 6 des Handelsgesetzbuches Aufzeichnungen gemacht hat, und die Schriftstücke, die er auf Grund dieses Artikels aufbewahrt hat, nicht in unversehrtem Zustand vorlegt.

Art. 341. Wer in Konkurs geraten ist, wird wegen betrügerischen Bankrotts mit Gefängnis bis zu sechs Jahren bestraft, wenn er zur betrügerischen Beeinträchtigung der Rechte seiner Gläubiger:

1. Schulden erdichtet hat oder erdichtet oder über Vermögensgegenstände keine Rechenschaft abgelegt hat oder ablegt oder der Masse eine Sache entzogen hat oder entzieht;
2. eine Sache unentgeltlich oder offenkundig unter dem Wert veräußert hat;
3. bei Gelegenheit seines Konkursverfahrens oder zu einem Zeitpunkt, in dem er wußte, daß das Konkursverfahren nicht verhindert werden konnte, einem seiner Gläubiger auf irgendeine Weise einen Vorteil verschafft hat oder verschafft;
4. seinen Verpflichtungen hinsichtlich der Aufzeichnungen auf Grund von Artikel 6 Absatz 1 des Handelsgesetzbuches und der Aufbewahrung und Vorlegung von Büchern, Unterlagen und Schriftstücken gemäß dem dritten Absatz dieses Artikels nicht nachgekommen ist oder nicht nachkommt.

Art. 342. Der Angehörige des Vorstands oder des Aufsichtsrats einer Aktiengesellschaft, genossenschaftlichen oder anderen rechtsfähigen Vereinigung oder Stiftung, die in Konkurs geraten ist, wird mit Gefängnis bis zu einem Jahr bestraft:

1. wenn er bei einer Zuwiderhandlung gegen eine rechtmäßige Bestimmung des Gesellschaftsvertrages, der Satzung oder der Statuten, durch die die von der Gesellschaft, Vereinigung oder Stiftung erlittenen Verluste ganz oder großenteils herbeigeführt worden sind, mitgewirkt oder ihr zugestimmt hat;
2. wenn er in der Absicht, das Konkursverfahren für die Gesellschaft, Vereinigung oder Stiftung hinauszuschieben, und obwohl er wußte, daß es dadurch nicht verhindert werden konnte, bei der Aufnahme von Geld unter belastenden Bedingungen mitgewirkt oder ihr zugestimmt hat;
3. wenn er bewirkt hat, daß die in Artikel 6 Absatz 1 des Handelsgesetzbuches bezeichneten Verpflichtungen nicht erfüllt worden sind oder daß die Bücher und Unterlagen, in denen nach diesem Artikel Aufzeichnungen gemacht

worden sind, und die Schriftstücke, die auf Grund dieses Artikels aufbewahrt worden sind, nicht in unversehrtem Zustand vorgelegt werden.

Art. 343. Der Angehörige des Vorstands oder des Aufsichtsrats einer Aktiengesellschaft, genossenschaftlichen oder anderen rechtsfähigen Vereinigung oder Stiftung, die in Konkurs geraten ist, wird mit Gefängnis bis zu sechs Jahren bestraft, wenn er zur betrügerischen Beeinträchtigung der Rechte der Gläubiger der Gesellschaft, Vereinigung oder Stiftung:

1. Schulden erdichtet hat oder erdichtet oder über Vermögensgegenstände keine Rechenschaft abgelegt hat oder ablegt oder der Masse eine Sache entzogen hat oder entzieht;
2. eine Sache unentgeltlich oder offenkundig unter dem Wert veräußert hat;
3. bei Gelegenheit des Konkursverfahrens oder zu einem Zeitpunkt, in dem er wußte, daß das Konkursverfahren nicht verhindert werden konnte, einem der Gläubiger auf irgendeine Weise einen Vorteil verschafft hat oder verschafft;
4. seinen Verpflichtungen hinsichtlich der Aufzeichnungen auf Grund von Artikel 6 Absatz 1 des Handelsgesetzbuches und der Aufbewahrung und Vorlegung von Büchern, Unterlagen und Schriftstücken gemäß dem dritten Absatz dieses Artikels nicht nachgekommen ist oder nicht nachkommt.

Art. 344. Mit Gefängnis bis zu vier Jahren und sechs Monaten wird bestraft, wer zur betrügerischen Beeinträchtigung der Rechte der Gläubiger:

1. im Fall des Konkurses oder in dessen Voraussicht, wenn der Konkurs eingetreten ist, eine Sache der Masse entzieht oder die Bezahlung einer nicht fälligen Schuld oder einer fälligen Schuld annimmt, wenn er im letzteren Fall weiß, daß das Konkursverfahren vom Schuldner bereits beantragt worden war, oder er im Einverständnis mit dem Schuldner handelt;
2. bei der Prüfung der Ansprüche im Fall des Konkurses einen nicht bestehenden Anspruch vorgibt oder einen bestehenden mit einem erhöhten Betrag geltend macht.

Art. 345. Der Gläubiger, der einem angebotenen gerichtlichen Vergleich auf Grund eines Vertrages mit dem Schuldner oder mit einem Dritten, in dem er sich besondere Vorteile ausbedungen hat, beitritt, wird im Fall der Annahme des Vergleichs mit Gefängnis bis zu einem Jahr bestraft.

Die gleiche Strafe wird in demselben Fall dem Schuldner oder, wenn dieser eine Gesellschaft, ein Verein, eine Vereinigung oder eine Stiftung ist, dem Angehörigen des Vorstands oder des Aufsichtsrats, der einen solchen Vertrag schließt, auferlegt.

Art. 346. (aufgehoben)

Art. 347. Der Angehörige des Vorstands oder des Aufsichtsrats einer Aktiengesellschaft, genossenschaftlichen oder anderen rechtsfähigen Vereinigung oder Stiftung, der, außer im Fall des Artikels 342, bei einer Zuwiderhandlung gegen eine rechtmäßige Bestimmung des Gesellschaftsvertrages, der Satzung oder der Statuten, durch die die Gesellschaft, Vereinigung oder Stiftung einen ernstlichen Nachteil erleidet, mitgewirkt oder ihr zugestimmt hat, wird mit Geldstrafe bis zu zwanzigtausend Gulden bestraft.

Art. 348. Wer vorsätzlich seine eigene Sache oder für den Eigentümer eine ihm nicht gehörende Sache einem anderen, der daran ein Pfandrecht, Zurückbehaltungsrecht, Nutzungsrecht oder Gebrauchsrecht hat, entzieht, wird mit Gefängnis bis zu einem Jahr und sechs Monaten bestraft.

Die Bestimmung des Artikels 316 findet auf dieses Verbrechen Anwendung.

Art. 349. Bei Verurteilung wegen eines der in den Artikeln 341, 343 und 344 bezeichneten Verbrechen können dem Schuldigen die in Artikel 28 Nr. 1—4 genannten Rechte entzogen werden.

Bei Verurteilung wegen eines der in den Artikeln 340—345 bezeichneten Verbrechen kann die Veröffentlichung des richterlichen Urteils angeordnet werden.

Art. 349 *bis, ter* und *quater*. (aufgehoben)

Titel XXVII

Zerstörung oder Beschädigung von Sachen

Art. 350. Wer vorsätzlich und widerrechtlich eine Sache, die ganz oder teilweise einem anderen gehört, zerstört, beschädigt, unbrauchbar macht oder beseitigt, wird mit Gefängnis bis zu zwei Jahren oder Geldstrafe bis zu sechshundert Gulden bestraft.

Die gleiche Strafe wird demjenigen auferlegt, der vorsätzlich und widerrechtlich ein Tier, das ganz oder teilweise einem anderen gehört, tötet, beschädigt, unbrauchbar macht oder beseitigt.

Art. 351. Wer Eisenbahn-, Telegraphen-, Telephon- oder Elektrizitätsanlagen, Anlagen, die zum Schutz gegen Wasser, der Entwässerung, der Gas- oder Wasserleitung oder der Kanalisation dienen, soweit diese Anlagen zum allgemeinen Nutzen gebraucht werden, oder Anlagen für die Landesverteidigung vorsätzlich und widerrechtlich zerstört, beschädigt oder unbrauchbar macht, wird mit Gefängnis bis zu drei Jahren bestraft.

Art. 351 *bis*. Wer fahrlässig bewirkt, daß eine in dem vorhergehenden Artikel erwähnte Anlage zerstört, beschädigt oder unbrauchbar gemacht wird, wird mit Haft bis zu einem Monat oder Geldstrafe bis zu zweihundert Gulden bestraft.

Art. 352. Wer vorsätzlich und widerrechtlich ein Gebäude oder Wasserfahrzeug, das ganz oder teilweise einem anderen gehört, zerstört oder unbrauchbar macht, wird mit Gefängnis bis zu vier Jahren bestraft.

Art. 353. Die Bestimmung des Artikels 316 findet auf die in diesem Titel bezeichneten Verbrechen Anwendung.

Art. 354. Wird eines der in diesem Titel bezeichneten Verbrechen durch zwei oder mehr Personen gemeinsam verübt, so kann die Strafe um ein Drittel erhöht werden.

Titel XXVIII

Amtsverbrechen

Art. 355. Mit Gefängnis bis zu drei Jahren mit oder ohne Entziehung des in Artikel 28 Nr. 3 genannten Rechts werden die Leiter der Ministerien bestraft:

1. die königliche Beschlüsse oder königliche Verfügungen gegenzeichnen, obwohl sie wissen, daß dadurch die Verfassung oder andere Gesetze oder allgemeine Verordnungen der inneren Verwaltung des Staates oder seiner Kolonien oder Besitzungen in anderen Weltteilen verletzt werden;
2. die königliche Beschlüsse oder königliche Verfügungen ausführen, obwohl sie wissen, daß diese nicht mit der erforderlichen Gegenzeichnung eines der Leiter der Ministerien versehen sind;

3. die Verfügung treffen oder Anordnungen erlassen oder bestehende Verfügungen oder Anordnungen anwenden, obwohl sie wissen, daß dadurch die Verfassung oder andere Gesetze oder allgemeine Verordnungen der inneren Verwaltung des Staates oder seiner Kolonien oder Besitzungen in anderen Weltteilen verletzt werden;
4. die vorsätzlich unterlassen, die Bestimmungen der Verfassung oder andere Gesetze oder allgemeine Verordnungen der inneren Verwaltung des Staates oder seiner Kolonien oder Besitzungen in anderen Weltteilen auszuführen, sofern die Ausführung wegen der Art des Gegenstandes in den Bereich ihres Ministeriums fällt oder ihnen ausdrücklich übertragen ist.

Art. 356. Mit Haft bis zu sechs Monaten werden die Leiter der Ministerien bestraft, die durch grobe Fahrlässigkeit bewirken, daß die in Artikel 355 Nr. 4 bezeichnete Ausführung unterlassen wird.

Art. 357. Der Befehlshaber der Streitkräfte, der sich weigert oder vorsätzlich unterläßt, auf die rechtsmäßige Aufforderung der befugten bürgerlichen Behörde die unter seinem Befehl stehenden Streitkräfte einzusetzen, wird mit Gefängnis bis zu drei Jahren bestraft.

Art. 358. Der Beamte, der vorsätzlich die Hilfe der Streitkräfte gegen die Ausführung von gesetzlichen Vorschriften, von rechtmäßigen Anordnungen der Obrigkeit oder von richterlichen Urteilen oder schriftlichen Befehlen anruft, wird mit Gefängnis bis zu sechs Jahren bestraft.

Wird die Ausführung dadurch verhindert, so wird der Schuldige mit Gefängnis bis zu neun Jahren bestraft.

Art. 358 *bis*. Der Beamte oder ein im öffentlichen Eisenbahnverkehr dauernd oder zeitweilig Beschäftigter, der nicht zum Personal einer Eisenbahn gehört, auf der ausschließlich mit begrenzter Geschwindigkeit befördert wird, der in der Absicht, in der Ausübung eines öffentlichen Dienstes oder im öffentlichen Eisenbahnverkehr Stockungen zu verursachen oder fortdauern zu lassen, es unterläßt oder auf eine rechtmäßige Anordnung hin sich weigert, Arbeiten zu verrichten, zu denen er sich ausdrücklich oder kraft seines Dienstverhältnisses verpflichtet hat, wird mit Gefängnis bis zu sechs Monaten oder Geldstrafe bis zu sechshundert Gulden bestraft.

Art. 358 *ter*. Wird das im vorhergehenden Artikel bezeichnete Verbrechen von zwei oder mehr Personen auf Grund einer Verschwörung verübt, so werden die Schuldigen sowie die Leiter oder Urheber der Verschwörung mit Gefängnis bis zu zwei Jahren bestraft.

Art. 358 *quater*. Wird die in Artikel 358 *bis* bezeichnete Absicht erreicht, so wird Gefängnis verhängt:

im Fall des Artikels 358 *bis* bis zu einem Jahr;
im Fall des Artikels 358 *ter* bis zu vier Jahren.

Art. 359. Der Beamte oder ein anderer im öffentlichen Dienst dauernd oder zeitweilig Beschäftigter, der vorsätzlich Gelder oder geldwerte Papiere, die er in seinem Amte in seinem Gewahrsam hat, unterschlägt oder zuläßt, daß sie durch einen anderen weggenommen oder unterschlagen werden, oder dabei als Gehilfe mitwirkt, wird mit Gefängnis bis zu sechs Jahren bestraft.

Art. 360. Der Beamte oder ein anderer im öffentlichen Dienst dauernd oder zeitweilig Beschäftigter, der vorsätzlich Bücher oder Register, die ausschließlich zur Kontrolle der Verwaltung bestimmt sind, fälschlich anfertigt oder verfälscht, wird mit Gefängnis bis zu drei Jahren bestraft.

Art. 361. Der Beamte oder ein anderer im öffentlichen Dienst dauernd oder zeitweilig Beschäftigter, der vorsätzlich Sachen, die dazu bestimmt sind, vor der befugten Behörde zur Überführung oder zum Beweis zu dienen, Urkunden, Unterlagen oder Register, die er in seinem Amte in seinem Gewahrsam hat, unterschlägt, zerstört, beschädigt oder unbrauchbar macht oder zuläßt, daß sie durch einen anderen beseitigt, zerstört, beschädigt oder unbrauchbar gemacht werden, oder dabei als Gehilfe mitwirkt, wird mit Gefängnis bis zu vier Jahren und sechs Monaten bestraft.

Art. 362. Der Beamte, der ein Geschenk oder Versprechen annimmt, obwohl er weiß, daß es ihm gegeben wird, um ihn zu bewegen, in seinem Amte, ohne dadurch pflichtwidrig zu handeln, etwas zu tun oder zu unterlassen, wird mit Gefängnis bis zu drei Monaten oder Geldstrafe bis zu sechshundert Gulden bestraft.

Art. 363. Mit Gefängnis bis zu vier Jahren wird der Beamte bestraft:

1. der ein Geschenk oder Versprechen annimmt, obwohl er weiß, daß es ihm gegeben wird, um ihn zu bewegen, pflichtwidrig in seinem Amte etwas zu tun oder zu unterlassen;
2. der ein Geschenk annimmt, obwohl er weiß, daß es ihm auf Grund oder aus Anlaß dessen, was er pflichtwidrig in seinem Amte getan oder unterlassen hat, gegeben wird.

Art. 364. Der Richter, der ein Geschenk oder Versprechen annimmt, obwohl er weiß, daß es ihm gegeben wird, um die Entscheidung einer seiner Beurteilung unterworfenen Sache zu beeinflussen, wird mit Gefängnis bis zu neun Jahren bestraft.

Wird das Geschenk oder Versprechen in dem Bewußtsein angenommen, daß es gegeben wird, um eine Verurteilung in einer Strafsache zu erreichen, so wird der Richter mit Gefängnis bis zu zwölf Jahren bestraft.

Art. 365. Der Beamte, der durch Mißbrauch seiner Macht jemand zwingt, etwas zu tun, zu unterlassen oder zu dulden, wird mit Gefängnis bis zu zwei Jahren bestraft.

Art. 366. Der Beamte, der in Ausübung seines Amtes etwas als ihm selbst, einem anderen Beamten oder einer öffentlichen Kasse geschuldet fordert oder empfängt oder bei einer Auszahlung zurückbehält, obwohl er weiß, daß es nicht geschuldet wird, wird wegen Prellerei mit Gefängnis bis zu sechs Jahren bestraft.

Art. 367. Der Beamte, der mit der Bewachung einer Person beauftragt ist, der durch die Staatsgewalt oder kraft richterlichen Urteils oder richterlicher Verfügung die Freiheit entzogen ist, und diese Person vorsätzlich entweichen läßt oder befreit oder bei deren Befreiung oder Selbstbefreiung behilflich ist, wird mit Gefängnis bis zu drei Jahren bestraft.

Hat er die Flucht, Befreiung oder Selbstbefreiung durch Fahrlässigkeit herbeigeführt, so wird er mit Haft bis zu zwei Monaten oder Geldstrafe bis zu sechshundert Gulden bestraft.

Art. 368. Mit Gefängnis bis zu drei Jahren wird bestraft:

1. der mit der Ermittlung von Straftaten beauftragte Beamte, der vorsätzlich der Aufforderung, eine widerrechtliche Freiheitsberaubung aufzuklären, nicht nachkommt oder der vorgesetzen Behörde davon vorsätzlich nicht unverzüglich Kenntnis gibt;

2. der Beamte, der, nachdem er in Ausübung seines Amtes Kenntnis erhalten hat, daß jemand auf unrechtmäßige Weise der Freiheit beraubt ist, vorsätzlich unterläßt, unverzüglich einem mit der Ermittlung von Straftaten beauftragten Beamten davon Kenntnis zu gehen.

Der Beamte, der fahrlässig eines der in diesem Artikel bezeichneten Versäumnisse bewirkt, wird mit Haft bis zu drei Monaten oder Geldstrafe bis zu sechshundert Gulden bestraft.

Art. 369. Mit Gefängnis bis zu einem Jahr wird der Leiter einer Anstalt, die zur Einschließung von Verurteilten, vorläufig Festgenommenen oder in Zwangshaft Befindlichen bestimmt ist, oder einer staatlichen Fürsorgeanstalt oder Heil- und Pflegeanstalt bestraft, der sich weigert, einer rechtmäßigen Aufforderung nachzukommen, jemanden, der in die Anstalt aufgenommen ist, vorzuführen oder Einsicht in das Aufnahmeregister oder in die Urkunde[1]), die nach gesetzlicher Vorschrift in das Register eingetragen werden muß, zu gewähren.

Art. 370. Der Beamte, der unter Überschreitung seiner Befugnis oder ohne Beachtung der durch das Gesetz bestimmten Formen in die von einem anderen benutzte Wohnung, den von einem anderen benutzten abgeschlossenen Raum oder das von einem anderen benutzte abgeschlossene Grundstück gegen dessen Willen eintritt oder, wenn er widerrechtlich dort verweilt, sich nicht auf die Aufforderung des Berechtigten oder namens des Berechtigten sofort entfernt, wird mit Gefängnis bis zu einem Jahr oder Geldstrafe bis zu sechshundert Gulden bestraft.

Mit der gleichen Strafe wird der Beamte bestraft, der bei einer Haussuchung unter Überschreitung seiner Befugnis oder ohne Beachtung der durch das Gesetz bestimmten Formen Schriftstücke, Bücher oder andere Papiere untersucht oder beschlagnahmt.

Art. 371. Der Beamte, der unter Überschreitung seiner Befugnis einen einer öffentlichen Beförderungsanstalt anvertrauten Brief, eine ihr anvertraute Postkarte oder Postsache, ein ihr anvertrautes Paket oder ein Telegramm, das sich in Händen eines Telegraphenbeamten oder anderer Personen befindet, die mit dem Dienst bei einer dem allgemeinen Nutzen dienenden Telegrapheneinrichtung beauftragt sind, sich vorlegen läßt oder beschlagnahmt, wird mit Gefängnis bis zu zwei Jahren bestraft.

Dieselbe Strafe wird dem Beamten auferlegt, der sich unter Überschreitung seiner Befugnis von einem Fernsprechbeamten oder von anderen Personen, die mit dem Dienst bei einer dem allgemeinen Nutzen dienenden Fernsprecheinrichtung beauftragt sind, über ein Gespräch Auskunft geben läßt, das durch Vermittlung dieser Anstalt geführt worden ist.

Art. 372. Der Beamte einer öffentlichen Beförderungsanstalt, der einen einer solchen Anstalt anvertrauten Brief, eine ihr anvertraute verschlossene Postsache oder ein ihr anvertrautes Paket vorsätzlich und widerrechtlich öffnet, einsieht oder den Inhalt einem anderen bekanntmacht, wird mit Gefängnis bis zu einem Jahr und sechs Monaten bestraft.

Art. 373. Der Beamte einer öffentlichen Beförderungsanstalt, der einen einer solchen Anstalt anvertrauten Brief, eine ihr anvertraute Postkarte oder Postsache oder ein ihr anvertrautes Paket vorsätzlich einem anderen als dem Berechtigten ausliefert, vernichtet, beseitigt, sich zueignet oder den Inhalt verändert oder einen darin eingeschlossenen Gegenstand sich zueignet, wird mit Gefängnis bis zu vier Jahren bestraft.

---

[1]) Nämlich der Urkunde, auf der die Aufnahme in die Anstalt beruht.

Hat eine solche Postsache oder ein solcher Gegenstand Geldeswert, so wird die Zueignung mit Gefängnis bis zu sechs Jahren bestraft.

Art. 374. Der Telegraphenbeamte oder ein anderer, der mit der Aufsicht oder mit dem Dienst bei einer dem allgemeinen Nutzen dienenden Telegrapheneinrichtung beauftragt ist, wird bestraft:

1. mit Gefängnis bis zu einem Jahr und sechs Monaten, wenn er den Inhalt einer der Telegraphenanstalt oder einer solchen Einrichtung anvertrauten Nachricht vorsätzlich und widerrechtlich einem anderen bekannt macht oder ein Telegramm vorsätzlich und widerrechtlich öffnet, einsieht oder den Inhalt einem anderen bekanntmacht;
2. mit Gefängnis bis zu vier Jahren, wenn er eine der Telegraphenanstalt oder einer solchen Einrichtung anvertraute Nachricht oder ein Telegramm vorsätzlich einem anderen als dem Berechtigten ausliefert, vernichtet, beseitigt, sich zueignet oder den Inhalt verändert.

Art. 374*bis*. Der Fernsprechbeamte oder ein anderer, der mit der Aufsicht oder dem Dienst bei einer dem allgemeinen Nutzen dienenden Fernsprecheinrichtung beauftragt ist, der den Inhalt eines durch Vermittlung der Fernsprechanstalt oder einer solchen Einrichtung geführten Gespräches vorsätzlich und widerrechtlich einem anderen bekanntmacht, wird mit Gefängnis bis zu einem Jahr und sechs Monaten bestraft.

Art. 375. Der Beamte einer öffentlichen Beförderungsanstalt oder der Telegraphen- oder Fernsprechbeamte oder ein anderer, der in Artikel 374 oder Artikel 374*bis* genannt ist, der vorsätzlich zuläßt, daß ein anderer eine der in den Artikeln 372—374*bis* genannten Taten verübt, oder dabei als Gehilfe mitwirkt, wird mit den Strafen und nach den Unterscheidungen bestraft, die in diesen Bestimmungen festgestellt sind.

Art. 376. Mit Gefängnis bis zu sechs Monaten oder Geldstrafe bis zu zweitausendvierhundert Gulden wird der Beamte bestraft, der vorsätzlich mittelbar oder unmittelbar teilnimmt:

1. an der Annahme von Aufträgen oder an Lieferungen, deren Leitung oder Beaufsichtigung ihm zur Zeit der Handlung ganz oder teilweise übertragen ist;
2. an der Gestellung von Stellvertretern oder dem Umtausch von Losnummern für die Miliz, bei deren Auswahl oder dessen Zulassung er berufen ist, amtlich tätig zu sein[1]).

Art. 377. Der Münzbeamte mit Ausnahme des Münzmeisters oder der Prüfungsbeamte, der Handel mit edlen Metallen oder daraus verfertigten Gegenständen treibt oder vorsätzlich an einem solchen Handel mittelbar oder unmittelbar teilnimmt, wird mit Gefängnis bis zu sechs Monaten oder Geldstrafe bis zu zweitausendvierhundert Gulden bestraft.

Art. 378. Der Prüfungsbeamte, der von einer seiner Amtsstelle vorgelegten Gold- oder Silbersache einen Abdruck macht oder sie kopiert oder von ihr eine Beschreibung einem anderen als demjenigen gibt, der von Amts wegen befugt ist, sie zu fordern, wird mit Geldstrafe bis zu sechshundert Gulden bestraft.

Art. 379. Der Standesbeamte, der die Eheschließung einer Person vornimmt, obwohl er weiß, daß sie dadurch eine Doppelehe eingeht, wird mit Gefängnis bis zu sechs Jahren bestraft.

---

[1]) Gegenstandslos, nachdem die genannten Möglichkeiten durch Gesetz vom 2. 7. 1898 abgeschafft worden sind.

Der Standesbeamte, der die Eheschließung einer Person vornimmt, obwohl er weiß, daß ihr ein anderes gesetzliches Hindernis entgegensteht, wird mit Gefängnis bis zu zwei Jahren oder Geldstrafe bis zu sechshundert Gulden bestraft.

Art. 380. Bei Verurteilung wegen eines der in den Artikeln 359, 363, 364, 366, 373, letzter Absatz, und 379, erster Absatz, bezeichneten Verbrechen kann die Entziehung der in Artikel 28 Nr. 3 und 4, bei Verurteilung wegen eines der in den Artikeln 358 *bis*, 358 *ter* und 358 *quater* bezeichneten Verbrechen die Entziehung der in Artikel 28 Nr. 1—3 genannten Rechte ausgesprochen werden.

Titel XXIX

Schiffahrtsverbrechen

Art. 381. Wegen Seeräuberei wird bestraft:

1. mit Gefängnis bis zu zwölf Jahren, wer als Kapitän auf einem Wasserfahrzeug in Dienst tritt oder Dienst tut, obwohl er weiß, daß es dazu bestimmt ist, auf offener See Gewalttaten gegen andere Fahrzeuge oder gegen darauf befindliche Personen oder Sachen zu verüben, oder es dazu gebraucht, ohne durch eine kriegführende Macht dazu ermächtigt zu sein oder zu der Kriegsmarine einer anerkannten Macht zu gehören;
2. mit Gefängnis bis zu neun Jahren, wer in Kenntnis dieser Bestimmung oder dieses Gebrauchs auf einem solchen Fahrzeug als Angehöriger der Besatzung in Dienst tritt oder freiwillig in Dienst bleibt, nachdem er davon Kenntnis erhalten hat.

Dem Mangel der Ermächtigung wird die Überschreitung der Ermächtigung sowie das Vorhandensein von Ermächtigungen zweier gegeneinander kriegführenden Mächte gleichgestellt.

Artikel 81 findet keine Anwendung.

Art. 382. Haben die in Artikel 381 bezeichneten Gewalttaten den Tod einer der auf dem angegriffenen Fahrzeug befindlichen Personen zur Folge, so werden der Kapitän und diejenigen, die an den Gewalttaten teilgenommen haben, mit Gefängnis bis zu fünfzehn Jahren bestraft.

Art. 383. Wer für eigene oder fremde Rechnung ein Wasserfahrzeug mit der in Artikel 381 bezeichneten Bestimmung ausrüstet, wird mit Gefängnis bis zu zwölf Jahren bestraft.

Art. 384. Wer für eigene oder fremde Rechnung mittelbar oder unmittelbar dazu mitwirkt, ein Wasserfahrzeug zu vermieten, zu verfrachten oder zu versichern, obwohl er weiß, daß es die in Artikel 381 bezeichnete Bestimmung hat, wird mit Gefängnis bis zu acht Jahren bestraft.

Art. 385. Wer ein niederländisches Wasserfahrzeug vorsätzlich in die Gewalt von Seeräubern bringt, wird bestraft:

1. wenn er der Kapitän ist, mit Gefängnis bis zu zwölf Jahren;
2. in allen anderen Fällen mit Gefängnis bis zu neun Jahren.

Art. 386. Der auf einem niederländischen Schiff Mitfahrende, der sich widerrechtlich zum Herrn des Schiffes macht, wird mit Gefängnis bis zu sechs Jahren bestraft.

Art. 387. Der Kapitän eines niederländischen Schiffes, der das Schiff dem Eigentümer oder der Reederei entzieht und zu eigenem Nutzen gebraucht, wird mit Gefängnis bis zu sieben Jahren und sechs Monaten bestraft.

Art. 388. Mit Gefängnis bis zu vier Jahren wird der Niederländer bestraft, der ohne Erlaubnis der niederländischen Regierung einen Kaperbrief annimmt oder als Kapitän auf einem Wasserfahrzeug in Dienst tritt oder Dienst tut, obwohl er weiß, daß es ohne Erlaubnis der niederländischen Regierung zur Kaperei bebestimmt ist.

Art. 389. Der Niederländer, der als Angehöriger der Besatzung auf einem Wasserfahrzeug in Dienst tritt, obwohl er weiß, daß es ohne Erlaubnis der niederländischen Regierung zur Kaperei bestimmt ist oder gebraucht wird, oder freiwillig in Dienst bleibt, nachdem er von dieser Bestimmung oder diesem Gebrauch Kenntnis erhalten hat, wird mit Gefängnis bis zu drei Jahren bestraft.

Art. 389 *bis*. Der Kapitän eines niederländischen Wasserfahrzeuges, der einen Fahrtbericht[1]) aufnehmen läßt, von dem er weiß, daß der Inhalt der Wahrheit widerspricht, wird mit Gefängnis bis zu vier Jahren bestraft.

Die Angehörigen der Besatzung, die dazu mitwirken, einen Fahrtbericht aufnehmen zu lassen, von dem sie wissen, daß sein Inhalt der Wahrheit widerspricht, werden mit Gefängnis bis zu zwei Jahren bestraft.

Art. 389 *ter*. Wer zur Ausführung der Vorschrift des Artikels 315 oder des Artikels 318 Absatz 3 des Handelsgesetzbuches eine schriftliche Erklärung vorlegt, von der er weiß, daß ihr Inhalt der Wahrheit widerspricht, wird mit Gefängnis bis zu vier Jahren bestraft.

Art. 390. Es wird bestraft:

1. mit Gefängnis bis zu zwei Jahren der Kapitän eines niederländischen Schiffes, der nach dem Beginn der Anmusterung und vor Ablauf seines Vertrages sich vorsätzlich und widerrechtlich der Führung des Schiffes entzieht;
2. mit Gefängnis bis zu einem Monat der Kapitän eines niederländischen Seefischereifahrzeuges, der nach dem Beginn der Anmusterung und vor Ablauf seines Vertrages sich vorsätzlich und widerrechtlich der Führung des Fahrzeuges entzieht.

Art. 391. Wegen Desertion wird bestraft:

1. mit Gefängnis bis zu einem Jahr der Angehörige der Besatzung, der sich entgegen seiner Verpflichtung aus dem Arbeitsvertrage dem Dienst an Bord eines niederländischen Schiffes entzieht, wenn wegen der Umstände, unter denen er gehandelt hat, Gefahr für das Schiff, die Mitfahrenden oder die Ladung zu besorgen war;
2. mit Gefängnis bis zu einem Monat der Angehörige der Besatzung, der sich entgegen seiner Verpflichtung aus dem Arbeitsvertrage dem Dienst an Bord eines niederländischen Seefischereifahrzeuges entzieht, wenn wegen der Umstände, unter denen er gehandelt hat, Gefahr für das Schiff, die Mitfahrenden oder die Ladung zu besorgen war.

Art. 392. (aufgehoben)

Art. 393. (aufgehoben)

---

[1]) Bericht über Vorfälle auf der Fahrt gemäß Artikel 353 des Handelsgesetzbuches, den der Kapitän nach der Ankunft im Hafen durch einen Notar aufnehmen läßt.

Art. 394. Die in Artikel 391 bestimmten Strafen können verdoppelt werden, wenn zwei oder mehr Personen gemeinschaftlich oder auf Grund einer Verschwörung das Verbrechen verüben.

Art. 394*bis*. Der Reeder, Korrespondentreeder oder Kapitän eines niederländischen Schiffes oder Seefischereifahrzeuges, der jemand als Angehörigen der Besatzung in Dienst nimmt, obwohl er weiß, daß noch nicht ein Monat verstrichen ist, seit dieser sich seiner Dienstverpflichtung für ein niederländisches Schiff oder Seefischereifahrzeug in der in Artikel 391 bezeichneten Weise entzogen hat, wird mit Gefängnis bis zu drei Monaten oder Geldstrafe bis zu sechshundert Gulden bestraft.

Die Tat ist nicht strafbar, wenn die Einstellung außerhalb des europäischen Reichsgebietes mit Zustimmung des niederländischen Konsuls oder, falls ein Konsul nicht vorhanden ist, auf Ersuchen der örtlichen Obrigkeit erfolgt.

Art. 395. Der auf einem niederländischen Schiff oder Seefischereifahrzeug Mitfahrende, der an Bord den Kapitän, oder der Angehörige der Besatzung, der an Bord oder im Dienst einen Rangvorgesetzten tätlich angreift, sich mit Gewalt oder Drohung mit Gewalt ihm widersetzt oder ihn vorsätzlich seiner Handlungsfreiheit beraubt, wird wegen Ungehorsams mit Gefängnis bis zu zwei Jahren bestraft.

Der Schuldige wird bestraft:

1. mit Gefängnis bis zu drei Jahren, wenn das Verbrechen oder die damit verbundenen Tätlichkeiten eine Körperverletzung zur Folge haben;
2. mit Gefängnis bis zu sieben Jahren und sechs Monaten, wenn sie eine schwere Körperverletzung zur Folge haben;
3. mit Gefängnis bis zu zwölf Jahren, wenn sie den Tod zur Folge haben.

Art. 396. Ungehorsam, der von zwei oder mehr Personen gemeinsam verübt wird, wird als Meuterei mit Gefängnis bis zu sechs Jahren bestraft.

Der Schuldige wird bestraft:

1. mit Gefängnis bis zu sieben Jahren und sechs Monaten, wenn das von ihm verübte Verbrechen oder die dabei von ihm verübten Tätlichkeiten eine Körperverletzung zur Folge haben;
2. mit Gefängnis bis zu zwölf Jahren, wenn sie eine schwere Körperverletzung zur Folge haben;
3. mit Gefängnis bis zu fünfzehn Jahren, wenn sie den Tod zur Folge haben.

Art. 397. Wer an Bord eines niederländischen Schiffes oder Seefischereifahrzeuges zur Meuterei auf diesem Schiff oder Fahrzeug aufwiegelt, wird mit Gefängnis bis zu fünf Jahren bestraft.

Art. 398. Dienstverweigerung, die von zwei oder mehr Angehörigen der Besatzung eines niederländischen Schiffes oder Seefischereifahrzeuges gemeinschaftlich oder auf Grund einer Verschwörung verübt wird, wird mit Gefängnis bis zu zwei Jahren bestraft.

Art. 399. Es wird bestraft:

1. mit Gefängnis bis zu sechs Monaten, der Angehörige der Besatzung eines niederländischen Schiffes, der, nachdem er wegen Dienstverweigerung disziplinarisch bestraft worden ist, bei seiner Dienstverweigerung beharrt;

2. mit Gefängnis bis zu einem Monat oder Geldstrafe bis zu hundertundzwanzig Gulden, der Angehörige der Besatzung eines niederländischen Seefischereifahrzeuges, der sich während der Fahrt einer Dienstverweigerung schuldig macht.

Art. 400. Mit Gefängnis bis zu sechs Monaten oder Geldstrafe bis zu sechshundert Gulden wird der auf einem niederländischen Schiff oder Seefischereifahrzeug Mitfahrende bestraft:

1. der vorsätzlich eine Anordnung des Kapitäns, die im Interesse der Sicherheit oder zur Aufrechterhaltung von Zucht und Ordnung an Bord erteilt worden ist, nicht befolgt;
2. der, obwohl er weiß, daß der Kapitän seiner Handlungsfreiheit beraubt ist, ihm nicht nach Kräften zu Hilfe kommt;
3. der, obwohl er von einem Vorhaben zur Begehung von Ungehorsam Kenntnis hat, vorsätzlich unterläßt, den Kapitän davon rechtzeitig in Kenntnis zu setzen.

Die unter Nr. 3 genannte Bestimmung findet keine Anwendung, wenn der Ungehorsam nicht begangen worden ist.

Art. 401. Die in den Artikeln 386, 389, 391, 395—400 bestimmten Strafen können um ein Drittel erhöht werden, wenn der eines der in diesen Artikeln bezeichneten Verbrechen Schuldige Schiffsoffizier ist.

Art. 402. Der Kapitän eines niederländischen Schiffes, der in der Absicht, sich oder einem anderen widerrichtlich einen Vorteil zu verschaffen oder einen solchen Vorteil zu verdecken, das Schiff verkauft, Gelder auf das Schiff, das Schiffszubehör oder den Schiffsvorrat aufnimmt, Gegenstände der Ladung oder des Schiffsvorrats verkauft oder verpfändet, erdichtete Schäden oder Ausgaben in Rechnung stellt, nicht dafür sorgt, daß an Bord die erforderlichen Tagebücher nach den gesetzlichen Vorschriften geführt werden oder beim Verlassen des Schiffes nicht für die Rettung der Schiffspapiere sorgt, wird mit Gefängnis bis zu sechs Jahren bestraft.

Art. 403. Der Kapitän eines niederländischen Schiffes, der in der Absicht, sich oder einem anderen widerrechtlich einen Vorteil zu verschaffen oder einen solchen Vorteil zu verdecken, den Kurs ändert, wird mit Gefängnis bis zu drei Jahren bestraft.

Art. 404. Der Kapitän eines niederländischen Schiffes, der ohne Vorliegen eines Notstandes oder entgegen einer gesetzlichen Vorschrift während der Fahrt das Schiff verläßt und auch seiner Mannschaft dazu Anordnung oder Erlaubnis erteilt, wird mit Gefängnis bis zu vier Jahren und sechs Monaten bestraft.

Art. 405. Der Kapitän eines niederländischen Wasserfahrzeuges, der ohne Vorliegen eines Notstandes und ohne Wissen des Eigentümers oder der Reederei Handlungen verübt oder duldet, von denen er weiß, daß sie das Fahrzeug oder die Ladung der Aufbringung, Beschlagnahme oder Fahrtunterbrechung aussetzen können, wird mit Gefängnis bis zu einem Jahr oder Geldstrafe bis zu zwölfhundert Gulden bestraft.

Der Mitfahrende, der ohne Vorliegen eines Notstandes und ohne Wissen des Kapitäns in gleicher Kenntnis solche Handlungen verübt, wird mit Gefängnis bis zu neun Monaten oder Geldstrafe bis zu zwölfhundert Gulden bestraft.

Art. 406. Der Kapitän eines niederländischen Schiffes, der vorsätzlich ohne Vorliegen eines Notstandes einem Mitfahrenden nicht dasjenige zukommen läßt, was er ihm zukommen zu lassen verpflichtet ist, wird mit Gefängnis bis zu zwei Jahren oder Geldstrafe bis zu sechshundert Gulden bestraft.

Art. 407. Der Kapitän eines niederländischen Schiffes, der vorsätzlich ohne Vorliegen eines Notstandes oder entgegen einer gesetzlichen Vorschrift Ladegut über Bord wirft, wird mit Gefängnis bis zu zwei Jahren oder Geldstrafe bis zu sechshundert Gulden bestraft.

Art. 408. Wer Ladung, Schiffsvorrat oder Schiffsbedarf, die sich an Bord eines Wasserfahrzeuges befinden, vorsätzlich und widerrechtlich zerstört, beschädigt oder unbrauchbar macht, wird mit Gefängnis bis zu zwei Jahren bestraft.

Art. 409. Der Kapitän, der die niederländische Flagge führt, obwohl er weiß, daß er dazu nicht berechtigt ist, wird mit Gefängnis bis zu einem Jahr oder Geldstrafe bis zu sechshundert Gulden bestraft.

Art. 410. Der Kapitän, der vorsätzlich durch Führen eines Kennzeichens seinem Fahrzeug den Anschein verleiht, daß es ein niederländisches Kriegsschiff oder ein in niederländischen Gewässern oder Fahrrinnen diensttuendes Lotsenfahrzeug sei, wird mit Gefängnis bis zu drei Monaten oder Geldstrafe bis zu sechshundert Gulden bestraft.

Art. 411. Wer ohne Vorliegen eines Notstandes auf einem niederländischen Wasserfahrzeug als Kapitän, Steuermann oder Maschinist auftritt, obwohl er weiß, daß er nach gesetzlicher Vorschrift dazu nicht befugt ist, wird mit Gefängnis bis zu sechs Monaten oder Geldstrafe bis zu zwölfhundert Gulden bestraft.

Art. 412. Der Kapitän eines niederländischen Schiffes, der sich ohne gültige Gründe weigert, einer gesetzlichen Aufforderung, einen Angeklagten oder Verurteilten nebst den auf dessen Sache bezüglichen Akten an Bord zu nehmen, zu entsprechen, wird mit Gefängnis bis zu drei Monaten oder Geldstrafe bis zu sechshundert Gulden bestraft.

Art. 413. Der Kapitän eines niederländischen Schiffes, der einen Angeklagten oder Verurteilten, den er auf eine gesetzliche Aufforderung hin an Bord genommen hat, vorsätzlich entweichen läßt oder befreit oder bei dessen Befreiung oder Selbstbefreiung behilflich ist, wird mit Gefängnis bis zu drei Jahren bestraft.

Hat er die Flucht, Befreiung oder Selbstbefreiung durch Fahrlässigkeit herbeigeführt, so wird er mit Haft bis zu zwei Monaten oder Geldstrafe bis zu sechshundert Gulden bestraft.

Art. 414. Der Kapitän eines niederländischen Wasserfahrzeuges, der die gemäß Artikel 358*a* Absatz 1 oder Artikel 785 Absatz 1 des Handelsgesetzbuches auf ihm ruhende Verpflichtung zur Hilfeleistung, wenn sein Schiff bei einem Zusammenstoß beteiligt gewesen ist, vorsätzlich nicht erfüllt, wird mit Gefängnis bis zu drei Jahren bestraft.

Art. 415. Bei Verurteilung wegen eines der in den Artikeln 381—387, 402 und 403 bezeichneten Verbrechen kann die Entziehung der in Artikel 28 Nr. 1—4 genannten Rechte ausgesprochen werden.

Titel XXX

Begünstigung[1])

Art. 416. Wer vorsätzlich einen durch ein Verbrechen erworbenen Gegenstand kauft, mietet, eintauscht, zum Pfande nimmt, als Geschenk annimmt oder aus Gewinnstreben verkauft, vermietet, vertauscht, zum Pfande gibt, befördert, aufbewahrt oder verbirgt, wird wegen Hehlerei mit Gefängnis bis zu drei Jahren oder Geldstrafe bis zu zwölftausend Gulden bestraft.

Dieselbe Strafe wird demjenigen auferlegt, der vorsätzlich aus dem Erlös für einen durch ein Verbrechen erworbenen Gegenstand Vorteil zieht.

Art. 417. Wer gewohnheitsmäßig vorsätzlich durch Verbrechen erworbene Gegenstände kauft, eintauscht, zum Pfande nimmt oder verbirgt, wird mit Gefängnis bis zu sechs Jahren bestraft.

Art. 417 *bis*. Wer einen Gegenstand kauft, mietet, eintauscht, zum Pfande nimmt, als Geschenk annimmt oder aus Gewinnstreben verkauft, vermietet, vertauscht, zum Pfande gibt, befördert, aufbewahrt oder verbirgt, wird, wenn es seiner Fahrlässigkeit zuzuschreiben ist, daß seine Handlung einen durch ein Verbrechen erworbenen Gegenstand betrifft, mit Gefängnis oder Haft bis zu einem Jahr oder Geldstrafe bis zu zwölftausend Gulden bestraft.

Dieselbe Strafe wird demjenigen auferlegt, der aus dem Erlös für einen Gegenstand Vorteil zieht, wenn es seiner Fahrlässigkeit zuzuschreiben ist, daß seine Handlung einen durch ein Verbrechen erworbenen Gegenstand betrifft.

Art. 417 *ter*. Bei Verurteilung wegen eines der in den Artikeln 416—417 *bis* bezeichneten Verbrechen kann die Entziehung der in Artikel 28 Nr. 1—4 genannten Rechte ausgesprochen werden und kann dem Schuldigen das Recht zur Ausübung des Berufs, in dem er das Verbrechen begangen hat, entzogen werden.

Art. 418. Wer eine strafbare Schrift oder Abbildung herausgibt, wird mit Gefängnis oder Haft bis zu einem Jahr oder Geldstrafe bis zu sechshundert Gulden bestraft, wenn:

1. der Täter weder bekannt ist noch auf die erste Aufforderung nach Eröffnung der gerichtlichen Voruntersuchung genannt wird;
2. der Verleger wußte oder erwarten mußte, daß der Täter im Zeitpunkt der Herausgabe strafrechtlich nicht verfolgbar oder außerhalb des europäischen Reichsgebiets ansässig sein werde.

Art. 419. Wer eine strafbare Schrift oder Abbildung druckt, wird mit Gefängnis oder Haft bis zu einem Jahr oder Geldstrafe bis zu sechshundert Gulden bestraft, wenn:

1. die Person, auf deren Anordnung die Sache gedruckt worden ist, weder bekannt ist noch auf die erste Aufforderung nach Eröffnung der gerichtlichen Voruntersuchung genannt wird;
2. der Drucker wußte oder erwarten mußte, daß die Person, auf deren Anordnung die Sache gedruckt worden ist, im Zeitpunkt der Herausgabe strafrechtlich nicht verfolgbar oder außerhalb des europäischen Reichsgebiets ansässig sein werde.

Art. 420. Wenn die Beschaffenheit der Schrift oder Abbildung ein Verbrechen darstellt, das nur auf Antrag verfolgbar ist, kann der Verleger oder Drucker in den Fällen der beiden vorhergehenden Artikel nur auf Antrag desjenigen verfolgt werden, gegen den das Verbrechen verübt worden ist.

---

[1]) S. auch Artikel 189.

Titel XXXI

Gemeinsame Bestimmungen über Rückfall für verschiedene Titel

Art. 421. Die in den Artikeln 105, 174, 208–212, 216–222 *bis*, 225–229, 310–312, 315, 317, 318, 321–323, 326–332, 341, 343, 344, 346[1]), 359, 361, 366, 373, letzter Absatz, 402, 416 und 417 bestimmte Gefängnisstrafe kann um ein Drittel erhöht werden, wenn zur Zeit der Begehung des Verbrechens noch nicht fünf Jahre verstrichen sind, seitdem der Schuldige eine gegen ihn wegen eines der in diesen Artikeln bezeichneten Verbrechen verhängte Gefängnisstrafe oder eine ihm wegen Diebstahls, Unterschlagung, Hehlerei, der vorsätzlichen Vorteilsziehung aus dem Erlös für einen durch ein Verbrechen erworbenen Gegenstand oder Betrügerei nach den Militärgesetzen auferlegte Strafe ganz oder teilweise verbüßt hat oder seitdem die Strafe ihm vollständig erlassen ist, oder wenn zur Zeit der Begehung des Verbrechens das Recht zur Vollstreckung dieser Strafe noch nicht verjährt ist.

Art. 422. Die in den Artikeln 108 Absatz 1, 109, 110, 115 Absatz 1, 116, 141, 181, 182, 287, 290, 291, 293, 296, 297, 300–303, 381, 382, 395 und 396 bestimmte Gefängnisstrafe sowie die zeitige Gefängnisstrafe, die gemäß den Artikeln 92, 108 Absatz 2, 115 Absatz 2, 288 und 289 zu verhängen ist, kann um ein Drittel erhöht werden, wenn zur Zeit der Begehung des Verbrechens noch nicht fünf Jahre verstrichen sind, seitdem der Schuldige eine gegen ihn wegen eines der in diesen Artikeln bezeichneten Verbrechen verhängte Gefängnisstrafe oder eine ihm wegen gewalttätigen Widerstandes gegen oder Mißhandlung von Vorgesetzten oder Wachen oder wegen Gewalttätigkeit gegen Personen nach den Militärgesetzen auferlegte Strafe ganz oder teilweise verbüßt hat oder seitdem die Strafe ihm vollständig erlassen ist, oder wenn zur Zeit der Begehung des Verbrechens das Recht zur Vollstreckung dieser Strafe noch nicht verjährt ist.

Art. 423. Die in den Artikeln 111–113, 117–119, 261–271, 418 und 419 bestimmten Strafen können um ein Drittel erhöht werden, wenn zur Zeit der Begehung des Verbrechens noch nicht fünf Jahre verstrichen sind, seitdem der Schuldige eine gegen ihn wegen eines der in diesen Artikeln bezeichneten Verbrechen verhängte Gefängnisstrafe ganz oder teilweise verbüßt hat oder seitdem die Strafe ihm vollständig erlassen ist, oder wenn zur Zeit der Begehung des Verbrechens das Recht zur Vollstreckung dieser Strafe noch nicht verjährt ist.

DRITTES BUCH

Übertretungen

Titel I

Übertretungen, die die allgemeine Sicherheit von Personen und Sachen betreffen

Art. 424. Wer auf oder an einem öffentlichen Wege oder an einem für die Öffentlichkeit zugänglichen Ort seinen Mutwillen gegen Personen oder Sachen richtet, durch den Gefahr oder Schaden hervorgerufen werden kann, wird wegen Straßenunfugs mit Geldstrafe bis zu dreißig Gulden bestraft.

---

[1]) Aufgehoben.

Ist zur Zeit der Begehung der Übertretung noch nicht ein Jahr verstrichen, seit eine frühere Verurteilung des Schuldigen wegen der gleichen Übertretung rechtskräftig geworden ist, so kann an Stelle der Geldstrafe Haft bis zu drei Tagen verhängt werden.

Art. 425. Mit Haft bis zu sechs Tagen oder Geldstrafe bis zu fünfzig Gulden wird bestraft:

1. wer ein Tier auf einen Menschen hetzt oder ein in seiner Obhut stehendes Tier nicht zurückhält, wenn es einen Menschen angreift;
2. wer nicht genügend dafür sorgt, daß ein in seiner Obhut stehendes gefährliches Tier keinen Schaden anrichten kann.

Art. 426. Wer im Zustand der Trunkenheit in der Öffentlichkeit den Verkehr behindert oder die Ordnung stört, oder wer im Zustand der Trunkenheit die Sicherheit eines anderen bedroht oder eine Handlung vornimmt, bei der zur Verhütung von Gefahr für Leben oder Gesundheit Dritter besondere Umsicht oder Vorsicht erforderlich ist, wird mit Haft bis zu sechs Tagen oder Geldstrafe bis zu fünfzig Gulden bestraft.

Ist zur Zeit der Begehung der Übertretung noch nicht ein Jahr verstrichen, seit eine frühere Verurteilung des Schuldigen wegen der gleichen oder der in Artikel 453 bezeichneten Übertretung rechtskräftig geworden ist, so wird er mit Haft bis zu zwei Wochen bestraft.

Art. 426 *bis*. Wer widerrechtlich auf einem öffentlichen Weg einen anderen in seiner Bewegungsfreiheit behindert oder zusammen mit einem oder mehreren andern fortfährt, sich einem anderen gegen dessen ausdrücklich erklärten Willen aufzudrängen oder ihm in hinderlicher Weise zu folgen, wird mit Haft bis zu einem Monat oder Geldstrafe bis zu zweihundert Gulden bestraft.

Art. 427. Mit Geldstrafe bis zu fünfzig Gulden wird bestraft:

1. der Eigentümer oder Nutzungsberechtigte, der hinsichtlich der Zugänge oder Öffnungen von Gruben, Kellern, unterirdischen Geschäftslokalen und Räumen, wo diese auf einen öffentlichen Weg ausmünden, nicht die notwendigen Vorsichtsmaßnahmen für die Sicherheit der Vorbeigehenden trifft;
2. wer nicht dafür sorgt, daß eine von ihm oder auf seine Anordnung auf einem öffentlichen Weg vorgenommene Auf- oder Ausgrabung oder ein von ihm oder auf seine Anordnung auf einem öffentlichen Weg gelagerter Gegenstand ordnungsgemäß beleuchtet und mit den gebräuchlichen Zeichen versehen ist;
3. wer bei einer Tätigkeit auf oder an einem öffentlichen Weg nicht die notwendigen Maßnahmen trifft, um Vorbeigehende vor möglicher Gefahr zu warnen;
4. wer etwas auf oder an ein Gebäude so stellt oder anbringt, oder aus einem Gebäude so wirft oder ausgießt, daß dadurch oder infolge davon jemand, der einen öffentlichen Weg benutzt, Schaden erleiden kann;
5. wer auf einem öffentlichen Weg ein Reit-, Zug- oder Lasttier stehen läßt, ohne die notwendigen Vorsichtsmaßnahmen zur Verhütung von Schaden getroffen zu haben;
6. wer ohne Erlaubnis der befugten Behörde einen öffentlichen Land- oder Wasserweg versperrt oder den Verkehr darauf behindert.

Art. 428. Wer ohne Erlaubnis des Bürgermeisters oder des von diesem bezeichneten Beamten eine eigene unbewegliche Sache in Brand setzt, wird mit Geldstrafe bis zu einhundert Gulden bestraft.

Art. 429. Mit Haft bis zu vierzehn Tagen oder Geldstrafe bis zu zweihundert Gulden wird bestraft:

1. wer eine Feuerwaffe abschießt, ein Feuerwerk entzündet oder ein Feuer in so geringem Abstand von Gebäuden oder Sachen anlegt, nährt oder unterhält, daß dadurch Feuersgefahr entstehen kann;
2. wer einen Luftballon steigen läßt, an dem brennende Stoffe befestigt sind;
3. wer durch Mangel der notwendigen Umsicht oder Vorsicht Gefahr für einen Wald-, Heide-, Strandhafer-, Gras- oder Moorbrand entstehen läßt;
4. (aufgehoben)
5. wer einen Drachen an einer Schnur, die sich ganz oder teilweise innerhalb eines Abstandes von fünfhundert Metern von einer oberirdischen elektrischen Hochspannungsleitung befindet, steigen läßt oder in der Luft hält.

Titel II

Übertretungen, die die öffentliche Ordnung betreffen

Art. 429 *bis*. Wer an einem von einem öffentlichen Wege aus sichtbaren Ort Worte oder Abbildungen anbringt oder angebracht läßt, die als verächtliche Gotteslästerungen für das religiöse Gefühl kränkend sind, wird mit Haft bis zu einem Monat oder Geldstrafe bis zu zweihundert Gulden bestraft.

Art. 429 *ter*. Wer sich an einem verbotenen Ort befindet, ohne dazu berechtigt zu sein, wird mit Haft bis zu sechs Monaten oder Geldstrafe bis zu zehntausend Gulden bestraft.

Art. 430. Wer ohne Erlaubnis der befugten Behörde von einer militärischen Anlage eine Aufnahme, Zeichnung oder Beschreibung anfertigt oder diese veröffentlicht, wird mit Haft bis zu zwei Monaten oder Geldstrafe bis zu sechshundert Gulden bestraft.

Art. 431. Mit Geldstrafe bis zu dreißig Gulden wird bestraft, wer Lärm erregt, durch den die Nachtruhe gestört werden kann.

Art. 432. Mit Haft bis zu zwölf Tagen wird bestraft:

1. wegen Bettelei, wer in der Öffentlichkeit bettelt;
2. wegen Landstreicherei, wer ohne Mittel für den Lebensunterhalt umherstreift;
3. wer als Zuhälter aus der Unzucht einer Frau Vorteil zieht.

Art. 433. Bettelei oder Landstreicherei, die von drei oder mehr über sechzehn Jahre alten Personen begangen wird, wird mit Haft bis zu drei Monaten bestraft.

Art. 434. Der einer der in den beiden vorhergehenden Artikeln bezeichneten Übertretungen Schuldige kann außerdem, wenn er arbeitsfähig ist, zur Unterbringung in einem staatlichen Arbeitshaus bis zu drei Jahren verurteilt werden.

Art. 435. Mit Geldstrafe bis zu dreihundert Gulden wird bestraft:

1. wer, ohne dazu berechtigt zu sein, einen niederländischen Adelstitel führt oder ein niederländisches Ordenszeichnen trägt;
2. wer ohne königliche Bewilligung, soweit diese erforderlich ist, ein ausländisches Ordenszeichen, einen ausländischen Titel oder Rang oder eine ausländische Würde annimmt;
3. wer von einer befugten Behörde nach seinem Namen gefragt wird und einen falschen Namen angibt.

Art. 435*a*. Wer in der Öffentlichkeit Kleidungsstücke oder auffällige Abzeichen trägt oder führt, die Ausdruck einer bestimmten politischen Bestrebung sind, wird mit Haft bis zu zwölf Tagen oder Geldstrafe bis zu dreihundert Gulden bestraft.

Art. 435*b*. Wer, ohne dazu berechtigt zu sein, von Worten, Ausdrücken oder Kennzeichen Gebrauch macht, die andeuten oder den Eindruck erwecken können, daß sein Auftreten von Staats wegen oder von Surinam, den Niederländischen Antillen, Niederländisch Neu Guinea oder einer ausländischen Macht oder auch von einer völkerrechtlichen Organisation gefördert worden ist oder unterstützt oder anerkannt wird, wird mit Haft bis zu einem Monat oder Geldstrafe bis zu sechshundert Gulden bestraft.

Art. 435*c*. Wer, ohne dazu berechtigt zu sein, von dem Rote-Kreuz-Zeichen oder von den Worten „Rotes Kreuz" oder „Genfer Kreuz" oder von damit durch die Kriegsgesetze und -bräuche gleichgestellten Zeichen oder Worten oder auch von Zeichen und Worten, die eine Nachahmung davon darstellen, Gebrauch macht, wird mit Haft bis zu einem Monat oder Geldstrafe bis zu sechshundert Gulden bestraft.

Art. 435*d*. Mit Haft bis zu einem Monat oder Geldstrafe bis zu sechshundert Gulden wird bestraft, wer das Wappen der Schweizerischen Eidgenossenschaft oder ein Zeichen, das eine Nachahmung davon bildet, gebraucht

als Fabriks- oder Handelsmarke oder als Teil eines solchen Zeichens,
oder zu einem Zweck, der der Ehrlichkeit im Handel widerspricht,
oder unter Umständen, die das schweizerische Nationalgefühl kränken könnten.

Art. 435*e*. Der Angehörige des Vorstands oder des Aufsichtsrats einer Aktiengesellschaft oder ein anderer, der in deren Dienst steht, der einer gesetzlichen Vorschrift zuwiderhandelt, die die Angabe des Namens, des Niederlassungsortes oder des Kapitals der Gesellschaft betrifft, wird mit Geldstrafe bis zu zweihundert Gulden bestraft.

Art. 435*f*. Der Angehörige des Vorstands einer Aktiengesellschaft, der einer ihm durch Artikel 39 des Handelsgesetzbuches auferlegten Verpflichtung, die das Aktionärsregister betrifft, nicht nachkommt, wird mit Haft bis zu drei Monaten oder Geldstrafe bis zu zwölfhundert Gulden bestraft.

Art. 435*g*. Der Angehörige des Vorstands einer Aktiengesellschaft, der einer ihm durch das Handelsgesetzbuch auferlegten Verpflichtung nicht nachkommt, die die Veröffentlichung eines Beschlusses der Aktionäre, die Aufstellung der Bilanz und der Gewinn- und Verlustrechnung mit Erläuterung, die Veröffentlichung einer Urkunde oder ihre Auslegung zur Einsicht oder die Ankündigung einer solchen Auslegung betrifft, wird mit Haft bis zu drei Monaten oder Geldstrafe bis zu zwölfhundert Gulden bestraft.

Art. 436. Wer zur Ausübung eines Berufes, für den das Gesetz eine Zulassung fordert, nicht zugelassen ist und ohne Vorliegen eines Notstandes diesen Beruf ausübt, wird mit Geldstrafe bis zu eintausend Gulden bestraft.

Wer zur Ausübung eines Berufes, für den das Gesetz eine Zulassung fordert, zugelassen ist und ohne Vorliegen eines Notstandes bei der Ausübung dieses Berufes die Grenzen seiner Befugnis überschreitet, wird mit Geldstrafe bis zu fünfhundert Gulden bestraft.

Sind zur Zeit der Begehung der Übertretung noch nicht zwei Jahre verstrichen, seit eine frühere Verurteilung des Schuldigen wegen der gleichen Übertretung rechtskräftig geworden ist, so kann an Stelle von Geldstrafe im Fall des ersten

Absatzes Haft bis zu zwei Monaten, im Fall des zweiten Absatzes Haft bis zu einem Monat verhängt werden.

Art. 437. Mit Haft bis zu vierzehn Tagen oder Geldstrafe bis zu sechshundert Gulden wird der Gold- oder Silberschmied, Kassenführer, Uhrmacher, Fahrradhändler, Altwarenhändler, Trödler oder Althändler bestraft:

1. der kein Register mit fortlaufenden Seitenzahlen führt oder in das von ihm geführte Register nicht unverzüglich alle von ihm gekauften, eingetauschten, als Geschenk angenommenen oder zum Pfande, in Benutzung oder in Verwahrung genommenen Sachen einträgt oder darin nicht unverzüglich den Kaufpreis oder andere Erwerbsbedingungen, die Namen und Wohnorte derjenigen, von denen oder aus deren Händen die Sachen erworben worden sind, verzeichnet oder der es unterläßt, das Register dem Leiter der örtlichen Polizei oder einem von diesen beauftragten Beamten auf das erste Verlangen hin zur Einsicht vorzulegen;
2. der eine Vorschrift übertritt, die vom Rat einer Gemeinde mit Genehmigung des Provinzausschusses in der durch örtliche Verordnung gemäß Artikel 172[1]) des Gemeindegesetzes vorgeschriebenen Weise bezüglich des Registers erlassen und verkündet worden ist.

Art. 437 *bis*. Mit Haft bis zu sechs Monaten oder Geldstrafe bis zu sechstausend Gulden wird der Gold- oder Silberschmied, Kassenführer, Uhrmacher, Fahrradhändler, Altwarenhändler, Trödler oder Althändler bestraft:

1. der einen Gegenstand von einem Kind oder aus der Hand eines Kindes, das das Alter von achtzehn Jahren noch nicht erreicht hat, kauft, eintauscht, als Geschenk annimmt oder zum Pfande, in Benutzung oder in Verwahrung nimmt;
2. der einen Gegenstand von oder aus den Händen von jemand, von dem er weiß oder vernünftigerweise vermuten muß, daß er in einer Strafanstalt, einer Fürsorgeanstalt, einem Waisenhaus, einer Heil- und Pflegeanstalt oder einer Wohlfahrtseinrichtung untergebracht ist, kauft, eintauscht, als Geschenk annimmt oder zum Pfande, in Benutzung oder in Verwahrung nimmt;
3. der einen Gegenstand von einer ihm unbekannten Person kauft, eintauscht, als Geschenk annimmt oder zum Pfande, in Gebrauch oder in Benutzung nimmt, es sei denn es zeige sich, daß deren Name und Wohnort richtig angegeben sind oder daß die deren Namen und Wohnort betreffenden Angaben vernünftigerweise als richtig hingenommen werden durften;
4. der es unterläßt, angemessene Vorsichtsmaßnahmen zu treffen oder angemessene Aufsicht auszuüben oder ausüben zu lassen, um zu verhindern, daß eine für ihn handelnde Person eine Tat der unter Nr. 1—3 bezeichneten Art begeht;
5. für oder durch den ein Gegenstand, von dem ihm von der Justiz oder Polizei oder auf deren Veranlassung mit deutlicher Beschreibung schriftlich mitgeteilt worden ist, daß er durch ein Verbrechen dem Berechtigten entzogen oder verlorengegangen ist, gekauft, eingetauscht, als Geschenk angenommen oder zum Pfande, in Benutzung oder in Verwahrung genommen wird;
6. der einer ihm schriftlich übergebenen Anordnung, die von dem Leiter der örtlichen Polizei oder auf dessen Veranlassung erteilt worden ist, einen in seinem Gewahrsam befindlichen Gegenstand für die Dauer einer dabei an-

[1]) Jetzt Artikel 203.

gegebenen Zeit von nicht mehr als vierzehn Tagen zu verwahren oder in Verwahrung zu geben, oder einer ihm mit dieser Anordnung gegebenen Anweisung nicht Folge leistet;

7. der es unterläßt, die durch schriftliche Aufforderung vom Leiter der örtlichen Polizei oder auf dessen Veranlassung angeforderten Angaben, die von ihm gekaufte, eingetauschte, als Geschenk angenommene oder zum Pfande, in Benutzung oder in Verwahrung genommene Sachen betreffen, innerhalb der in der Aufforderung festgesetzten Frist wahrheitsgemäß zu verschaffen.

Dieselbe Strafe wird der für einen Gold- oder Silberschmied, Kassenführer, Uhrmacher, Fahrradhändler, Altwarenhändler, Trödler oder Althändler handelnden Person auferlegt, die eine Tat der im vorhergehenden Absatz unter Nr. 1—3 bezeichneten Art begeht.

Dem Schuldigen kann das Recht zur Ausübung des Berufes, in dem er die Übertretung begangen hat, entzogen werden.

Für die Anwendung der Bestimmung unter Nr. 3 des ersten Absatzes gilt eine Person als unbekannt, wenn derjenige, der den Gegenstand gekauft, eingetauscht, als Geschenk angenommen oder zum Pfande, in Benutzung oder in Verwahrung genommen hat, dem Leiter der örtlichen Polizei oder dem von diesem beauftragten Beamten diese Person auf das erste Verlangen hin nicht genügend bezeichnet.

Art. 437 *ter*. Der Gold- oder Silberschmied, Kassenführer, Uhrmacher, Fahrradhändler, Altwarenhändler, Trödler oder Althändler, der eine Verordnung übertritt, die vom Rat der Gemeinde mit Genehmigung des Provinzausschusses zur Verhütung der Gefahr der Begünstigung von Verbrechen erlassen und verkündet worden ist, wird mit Haft bis zu drei Monaten oder Geldstrafe bis zu viertausend Gulden bestraft.

Dieselbe Strafe wird demjenigen auferlegt, der berufs- oder gewohnheitsmäßig gebrauchte Waren aufkauft, ohne zuvor den Leiter der örtlichen Polizei oder einen von diesem beauftragten Beamten schriftlich davon in Kenntnis gesetzt zu haben.

Art. 437 *quater*. Wer eine Vorschrift zur Verhütung der Gefahr der Begünstigung von Verbrechen übertritt, die durch allgemeine Verwaltungsverordnung in Beziehung auf den Verkehr auf bestimmten dabei zu bezeichnenden Wasserflächen erlassen ist, wird mit Haft bis zu drei Monaten oder Geldstrafe bis zu viertausend Gulden bestraft.

Art. 438. Wer gewerbsmäßig anderen Personen Unterkunft über Nacht verschafft und kein Register mit fortlaufenden Seitenzahlen führt oder es unterläßt, in dieses Register unverzüglich nach Ankunft der Personen, die in dem von ihm geführten Betrieb die Nacht verbringen werden, Namen, Beruf oder Stellung, Wohnort und Tag der Ankunft sowie bei ihrer Abreise den Tag dieser Abreise einzutragen oder eintragen zu lassen, oder wer es unterläßt, dieses Register dem Bürgermeister oder dem von diesem bezeichneten Beamten auf Verlangen vorzulegen, wird mit Haft bis zu einem Monat oder Geldstrafe bis zu fünfhundert Gulden bestraft.

Art. 439. Mit Haft bis zu einem Monat oder Geldstrafe bis zu dreihundert Gulden wird bestraft:

1. wer von einem unter dem Offiziersrange stehenden Soldaten Gegenstände, die zur Kleidung, Ausrüstung oder Bewaffnung gehören, kauft, eintauscht, als Geschenk annimmt, zum Pfande, in Benutzung oder in Verwahrung nimmt, oder solche Gegenstände für einen unter dem Offiziersrange stehenden

Soldaten ohne eine von dem kommandierenden Offizier oder auf dessen Veranlassung ausgestellte schriftliche Erlaubnis verkauft, tauscht, zum Geschenk, zum Pfand, in Benutzung oder in Verwahrung gibt;
2. wer gewohnheitsmäßig solche Gegenstände kauft und die durch allgemeine Verordnung der inneren Verwaltung erlassenen Vorschriften über die darüber zu führenden Register nicht befolgt.

Sind zur Zeit der Begehung der Übertretung noch nicht zwei Jahre verstrichen, seit eine frühere Verurteilung des Schuldigen wegen einer dieser Übertretungen rechtskräftig geworden ist, so können die Strafen verdoppelt werden.

Art. 440. Wer Drucksachen oder Metallstücke in einer Form, die sie Geldscheinen oder Banknoten, Münzen, mit staatlichen Stempelmarken versehenen Platin-, Gold- oder Silbersachen oder Briefmarken ähnlich macht, verfertigt, verbreitet oder zur Verbreitung vorrätig hat, wird mit Geldstrafe bis zu sechshundert Gulden bestraft.

Die Gegenstände, mit denen die Übertretung begangen wird, können eingezogen werden.

Art. 441. Mit Haft bis zu drei Monaten oder Geldstrafe bis zu zweitausend Gulden wird bestraft, wer den Inhalt dessen, was mittels eines in seiner Verfügungsmacht stehenden oder von ihm gebrauchten Empfangsgerätes für drahtlose Telegraphie oder Telephonie empfangen worden ist und, wie er vernünftigerweise vermuten muß, nicht für ihn oder für die Öffentlichkeit bestimmt ist, entweder einem anderen mitteilt, wenn er vernünftigerweise vermuten muß, daß der Inhalt dann öffentlich bekannt werden wird und eine solche Bekanntgabe folgt, oder öffentlich bekanntmacht.

Art. 442. Mit Haft bis zu drei Monaten wird bestraft:
1. wer, nachdem er gerichtlichen Zahlungsaufschub[1]) bewilligt erhalten hat, eigenmächtig Geschäfte vornimmt, zu denen das Gesetz die Mitwirkung von Verwaltern fordert;
2. der Angehörige des Vorstands oder des Aufsichtsrats einer Aktiengesellschaft, genossenschaftlichen oder anderen rechtsfähigen Vereinigung oder Stiftung, die gerichtlichen Zahlungsaufschub[1]) bewilligt erhalten hat, der eigenmächtig Geschäfte vornimmt, zu denen das Gesetz die Mitwirkung von Verwaltern fordert.

Art. 442*a*. Wer ohne vorherige schriftliche Zustimmung des Rates für Kinderschutz ein unter sechs Monate altes Kind, das nicht unter Vormundschaft einer juristischen Person steht, als Pflegekind aufnimmt, wird mit Haft bis zu drei Wochen oder Geldstrafe bis zu zweihundert Gulden bestraft.

Titel III

Übertretungen, die die Staatsgewalt betreffen

Art. 443. Wer eine allgemeine Polizeiverordnung übertritt, die gemäß dem Gemeindegesetz unter außergewöhnlichen Umständen von dem Bürgermeister oder dem Regierungspräsidenten[2]) erlassen und verkündet worden ist, wird mit Haft bis zu zwei Monaten oder Geldstrafe bis zu dreihundert Gulden bestraft.

Art. 444. Wer gesetzlich als Zeuge, als Sachverständiger oder als Dolmetscher vorgeladen wird und widerrechtlich ausbleibt, wird mit Geldstrafe bis zu hundertundzwanzig Gulden bestraft.

---

[1]) Artikel 213 ff. des Konkursgesetzes (Faillissementswet).
[2]) Wörtlich: Kommissar des Königs in der Provinz.

Art. 445. Wer in Sachen Minderjähriger oder zu entmündigender oder entmündigter Personen oder der in einer Heil- und Pflegeanstalt Untergebrachten als Blutsverwandter, Verschwägerter, Ehegatte, Vormund oder Gegenvormund, Kurator oder Gegenkurator zur Vernehmung vor den Richter vorgeladen ist und ohne gültige Entschuldigungsgründe weder in Person erscheint, noch, wo dies zulässig ist, sich durch einen Bevollmächtigten vertreten läßt, wird mit Geldstrafe bis zu hundertundzwanzig Gulden bestraft.

Art. 446. Wer bei Gefahr für die allgemeine Sicherheit von Personen oder Sachen oder bei der Entdeckung eines Verbrechens auf frischer Tat die Hilfeleistung verweigert, die die Behörde von ihm fordert und zu der er, ohne sich einer unmittelbaren Gefahr auszusetzen, imstande ist, wird mit Geldstrafe bis zu einhundert Gulden bestraft.

Art. 447. Wer eine von der befugten Behörde öffentlich angebrachte Bekanntmachung widerrechtlich abreißt, unlesbar macht oder beschädigt, wird mit Geldstrafe bis zu dreißig Gulden bestraft.

Art. 447 *bis*. Mit Geldstrafe bis zu zweitausend Gulden wird bestraft:

1. wer nicht oder nicht ordnungsgemäß einer Verpflichtung nachkommt, die ihm in den Artikeln 317 in Verbindung mit 316, 750 in Verbindung mit 749, 751 Absatz 1 oder 752 des Handelsgesetzbuches oder in den gemäß den Artikeln 314 und 779 des Handelsgesetzbuches erlassenen allgemeinen Verwaltungsverordnungen auferlegt ist;
2. wer dem Verbot des Artikels 751 Absatz 2 des Handelsgesetzbuches zuwiderhandelt.

Titel IV

Übertretungen, die den Personenstand betreffen

Art. 448. Wer einer gesetzlichen Verpflichtung zur Anzeige an den Standesbeamten für die Eintragung von Geburts- und Sterbefällen nicht nachkommt, wird mit Geldstrafe bis zu zweihundert Gulden bestraft.

Art. 449. Der Geistliche, der religiöse Feierlichkeiten einer Eheschließung vornimmt, bevor die Beteiligten ihm nachgewiesen haben, daß ihre Eheschließung in Gegenwart des Standesbeamten vollzogen ist, wird mit Geldstrafe bis zu sechshundert Gulden bestraft.

Sind zur Zeit der Begehung der Übertretung noch nicht zwei Jahre verstrichen, seit eine frühere Verurteilung des Schuldigen wegen der gleichen Übertretung rechtskräftig geworden ist, so kann an Stelle der Geldstrafe Haft bis zu zwei Monaten verhängt werden.

Titel V

Übertretung, die Hilfsbedürftige betrifft

Art. 450. Wer als Zeuge der unmittelbaren Lebensgefahr, in der sich ein anderer befindet, es unterläßt, diesem Hilfe zu leisten oder zu verschaffen, die er ihm leisten oder verschaffen kann, ohne Gefahr für sich selbst oder andere vernünftigerweise befürchten zu müssen, wird, wenn der Tod des Hilfsbedürftigen eintritt, mit Haft bis zu drei Monaten oder Geldstrafe bis zu sechshundert Gulden bestraft.

Titel VI

Übertretungen, die die Sitten betreffen

Art. 451. Mit Haft bis zu drei Tagen oder Geldstrafe bis zu dreißig Gulden wird bestraft:

1. wer in der Öffentlichkeit für das Schamgefühl anstößige Lieder singt;
2. wer in der Öffentlichkeit für das Schamgefühl anstößige Ansprachen hält;
3. wer an einem von einem öffentlichen Wege aus sichtbaren Ort für das Schamgefühl anstößige Worte oder Zeichnungen anbringt.

Art. 451 *bis*. Mit Haft bis zu zwei Monaten oder Geldstrafe bis zu vierhundert Gulden wird bestraft:

1. wer an für den öffentlichen Verkehr bestimmten Orten eine Schrift, deren lesbar angebrachter Titel, Umschlag oder Inhalt geeignet ist, die Sinnlichkeit der Jugend anzureizen, oder eine Abbildung oder einen Gegenstand, die geeignet sind, die Sinnlichkeit der Jugend anzureizen, öffentlich ausstellt, anbietet oder anschlägt;
2. wer an für den öffentlichen Verkehr bestimmten Orten den Inhalt einer Schrift, der geeignet ist, die Sinnlichkeit der Jugend anzureizen, öffentlich zu Gehör bringt.

Mit derselben Strafe wird bestraft:

1. wer eine Schrift, eine Abbildung oder einen Gegenstand, die geeignet sind, die Sinnlichkeit der Jugend anzureizen, einem Minderjährigen unter achtzehn Jahren anbietet, dauernd oder zeitweilig überläßt, gibt oder zeigt;
2. wer den Inhalt einer solchen Schrift in Gegenwart eines Minderjährigen unter achtzehn Jahren zu Gehör bringt.

Art. 451 *ter*. Wer ein Mittel zur Verhütung der Schwangeschaft öffentlich ausstellt oder ein solches Mittel oder Dienste zur Verhütung der Schwangerschaft öffentlich oder unverlangt anbietet oder öffentlich oder unverlangt durch Verbreitung einer Schrift als erwerbbar bezeichnet, wird mit Haft bis zu zwei Monaten oder Geldstrafe bis zu vierhundert Gulden bestraft.

Art. 451 *quater*. Wer ein Mittel zur Unterbrechung der Schwangerschaft öffentlich ausstellt oder öffentlich oder unverlangt ein solches Mittel oder Dienste zur Unterbrechung der Schwangerschaft anbietet oder als erwerbbar bezeichnet, wird mit Haft bis zu drei Monaten oder Geldstrafe bis zu sechshundert Gulden bestraft.

Art. 452. (aufgehoben)

Art. 453. Wer sich im offenbaren Zustand der Trunkenheit auf einem öffentlichen Weg befindet, wird mit Geldstrafe bis zu dreißig Gulden bestraft.

Ist zur Zeit der Begehung der Übertretung noch nicht ein Jahr verstrichen, seit eine frühere Verurteilung des Schuldigen wegen der gleichen oder der in Artikel 426 bezeichneten Übertretung rechtskräftig geworden ist, so kann an Stelle der Geldstrafe Haft bis zu drei Tagen verhängt werden.

Beim zweiten Rückfall innerhalb eines Jahres, nachdem die erste Verurteilung wegen Rückfalls rechtskräftig geworden ist, wird Haft bis zu zwei Wochen verhängt.

Beim dritten und jedem weiteren Rückfall, der jeweils innerhalb eines Jahres, nachdem die letzte Verurteilung wegen des zweiten oder eines weiteren Rückfalls rechtskräftig geworden ist, verübt wird, wird Haft bis zu drei Wochen verhängt und kann der Schuldige außerdem, wenn er arbeitsfähig ist, zur Unterbringung in einem staatlichen Arbeitshaus bis zu einem Jahr verurteilt werden. Wird die Übertretung im Rückfall nach der Unterbringung in einem staatlichen Arbeitshaus begangen, so beginnt die im vorhergehenden Satz genannte Frist von einem Jahr mit dem Tag der Entlassung aus dem Arbeitshaus.

Art. 454. Der Verkäufer von Spirituosen oder sein Vertreter, der in Ausübung seines Berufes einem Kind unter sechzehn Jahren Spirituosen verabreicht oder verkauft, wird mit Haft bis zu drei Wochen oder Geldstrafe bis zu zweihundert Gulden bestraft.

Art. 455. Mit Haft bis zu acht Tagen oder Geldstrafe bis zu dreihundert Gulden wird bestraft:

1. wer Tiere eine Arbeit verrichten läßt, die offensichtlich über deren Kräfte geht;
2. wer Tiere unnötig auf schmerzhafte oder quälende Art Arbeit verrichten läßt;
3. wer lahme, räudige, verletzte oder offenbar trächtige oder säugende Tiere Arbeit, zu der sie wegen ihres Zustandes nicht geeignet sind, oder Arbeit auf schmerzhafte oder quälende Art verrichten läßt;
4. wer Tiere unnötig auf schmerzhafte und quälende Art befördert oder befördern läßt;
5. wer Tiere befördert oder befördern läßt, ohne ihnen die notwendigen Lebensbedürfnisse zu verschaffen oder verschaffen zu lassen.

Ist seit der Begehung der Übertretung noch nicht ein Jahr verstrichen, seit eine frühere Verurteilung des Schuldigen wegen der gleichen Übertretung oder wegen des in Artikel 254 bezeichneten Verbrechens rechtskräftig geworden ist, so kann Haft bis zu vierzehn Tagen verhängt werden.

Art. 456. (aufgehoben)

Art. 457. Wer von einer entgegen der Bestimmung des Artikels 254 *bis* eröffneten Gelegenheit zum Glücksspiel Gebrauch macht, wird mit Geldstrafe bis zu sechshundert Gulden bestraft.

Sind zur Zeit der Begehung der Übertretung noch nicht zwei Jahre verstrichen, seit eine frühere Verurteilung des Schuldigen wegen der gleichen Übertretung rechtskräftig geworden ist, so kann an Stelle der Geldstrafe Haft bis zu einem Monat verhängt werden.

Titel VII

Übertretungen, die die Feldpolizei betreffen

Art. 458. Wer sein nicht ausfliegendes Federvieh in Gärten oder auf ein besätes oder bepflanztes Grundstück laufen läßt, ohne dazu berechtigt zu sein, wird mit Geldstrafe bis zu dreißig Gulden bestraft.

Art. 459. Wer Vieh in Gärten, Waldschlägen oder Weidenpflanzungen, auf eine Weide oder Wiese oder auf ein Grundstück, das besät oder bepflanzt ist oder das zur Aussaat oder Bepflanzung hergerichtet ist, laufen läßt, ohne dazu berechtigt zu sein, wird mit Geldstrafe bis zu fünfzig Gulden bestraft.

Art. 460. Wer sich auf einem Grundstück, das besät oder bepflanzt ist oder das zur Aussaat oder Bepflanzung hergerichtet ist, oder während der Monate Mai bis einschließlich Oktober auf einer Weide oder Wiese befindet, ohne dazu berechtigt zu sein, wird mit Geldstrafe bis zu dreißig Gulden bestraft.

Art. 461. Wer, ohne dazu berechtigt zu sein, sich auf dem Grundstück eines anderen befindet, dessen Betreten in einer für ihn offenkundigen Weise von dem Berechtigten verboten worden ist, oder dort Vieh laufen läßt, wird mit Geldstrafe bis zu dreißig Gulden bestraft.

Titel VIII

Amtsübertretungen

Art. 462. Der Beamte, der zur Ausgabe von Abschriften oder Auszügen von Urteilen befugt ist und der eine solche Abschrift oder einen solchen Auszug ausgibt, bevor das Urteil ordnungsgemäß unterzeichnet ist, wird mit Geldstrafe bis zu einhundert Gulden bestraft.

Art. 463. Der Beamte, der ohne Erlaubnis der befugten Behörde eine Abschrift von geheimen Schriftstücken der Regierung oder einen Auszug daraus anfertigt oder sie veröffentlicht, wird mit Haft bis zu zwei Monaten oder Geldstrafe bis zu sechshundert Gulden bestraft.

Art. 464. Der Leiter einer Anstalt, die zur Einschließung von Verurteilten, vorläufig Festgenommenen oder in Zwangshaft Befindlichen bestimmt ist, oder einer staatlichen Fürsorgeanstalt oder Heil- und Pflegeanstalt, der jemand in die Anstalt aufnimmt oder darin behält, ohne daß er sich die Anordnung der befugten Behörde oder das richterliche Urteil hat zeigen lassen, oder der es unterläßt, über diese Aufnahme und die Anordnung oder das Urteil, auf Grund deren sie erfolgt, die erforderlichen Eintragungen in seine Register zu machen, wird mit Haft bis zu einem Monat oder Geldstrafe bis zu dreihundert Gulden bestraft.

Art. 465. Der Standesbeamte, des es unterläßt, sich vor der Vollziehung einer Eheschließung die Beweisurkunden und Erklärungen geben zu lassen, die das bürgerliche Gesetz fordert, wird mit Geldstrafe bis zu sechshundert Gulden bestraft.

Art. 466. Der Standesbeamte, der einer Vorschrift des bürgerlichen Gesetzes über die Personenstandsregister oder -urkunden oder über die Förmlichkeiten vor oder bei einer Eheschließung zuwiderhandelt, wird mit Geldstrafe bis zu zweihundert Gulden bestraft.

Art. 467. Der Standesbeamte, der es unterläßt, eine Urkunde in das Register einzutragen, oder eine Urkunde auf ein loses Blatt einträgt, wird mit Geldstrafe bis zu sechshundert Gulden bestraft.

Art. 468. Mit Geldstrafe bis zu zweihundert Gulden wird bestraft:

1. der Standesbeamte, der es unterläßt, der befugten Behörde die Angaben zu machen, die eine gesetzliche Vorschrift von ihm fordert;
2. der Beamte, der es unterläßt, dem Standesbeamten die Angaben zu machen, die eine gesetzliche Vorschrift von ihm fordert.

Titel IX

Schiffahrtsübertretungen

Art. 469. Der Kapitän eines niederländischen Wasserfahrzeuges, der ausläuft, bevor die nach dem Gesetz erforderliche Musterrolle aufgestellt und unterzeichnet ist, wird mit Geldstrafe bis zu zweihundert Gulden bestraft.

Art. 470. Der Kapitän, der nicht alle nach gesetzlichen Vorschriften erforderlichen Schiffspapiere, Bücher oder Unterlagen an Bord hat, wird mit Geldstrafe bis zu zweihundert Gulden bestraft.

Art. 470*a*. Der Kapitän eines niederländischen Wasserfahrzeuges, der damit eine Fahrt unternimmt, ohne daß für sein Schiff eine gemäß Artikel 407 des

Handelsgesetzbuches erforderliche Bescheinigung für die Unterkünfte[1]) erteilt worden und noch gültig ist, wird mit Haft bis zu einem Monat oder Geldstrafe bis zu eintausend Gulden bestraft.

Art. 471. Mit Geldstrafe bis zu sechshundert Gulden wird bestraft:

1. der Kapitän eines niederländischen Wasserfahrzeuges, der nicht dafür sorgt, daß an Bord seines Fahrzeuges die gesetzlich erforderlichen Tagebücher den gesetzlichen Vorschriften entsprechend geführt werden, oder der die Tagebücher nicht vorlegt, wann und wo das Gesetz dies fordert;
2. der Kapitän eines niederländischen Wasserfahrzeuges, der das gesetzlich erforderliche Strafregister nicht den gesetzlichen Vorschriften entsprechend führt oder nicht vorlegt, wann und wo das Gesetz dies fordert;
3. der Kapitän eines niederländischen Wasserfahrzeuges, der in Ermangelung eines Strafregisters es unterläßt, dem Richter die gesetzlich erforderlichen Mitteilungen zu machen;
4. der Reeder, Korrespondentreeder oder Kapitän eines niederländischen Wasserfahrzeuges, der sich weigert, den Berechtigten auf ihr Verlangen Einsicht in die an Bord des Fahrzeuges geführten Tagebücher zu gewähren oder gegen Bezahlung der Kosten eine Abschrift davon zu erteilen.

Sind seit der Begehung der Übertretung noch nicht zwei Jahre verstrichen, seit eine frühere Verurteilung des Schuldigen wegen einer dieser Übertretungen rechtskräftig geworden ist, so kann an Stelle der Geldstrafe Haft bis zu zwei Monaten verhängt werden.

Art. 472. Der Kapitän eines niederländischen Wasserfahrzeuges, der seiner gesetzlichen Verpflichtung bezüglich der Eintragung und Bekanntgabe von Geburts- und Sterbefällen, die während einer Seereise vorfallen, nicht nachkommt, wird mit Geldstrafe bis zu zweihundert Gulden bestraft.

Art. 473. Der Kapitän oder der Angehörige der Besatzung, der nicht die gesetzlichen Vorschriften zur Verhütung von Zusammenstößen beachtet, wird mit Geldstrafe bis zu sechshundert Gulden bestraft.

Art. 473*a*. (aufgehoben)

Art. 474. Der Kapitän eines niederländischen Wasserfahrzeuges, der den ihm in Artikel 358*a* Absatz 2 oder in Artikel 785 Absatz 2 des Handelsgesetzbuches auferlegten Verpflichtungen nicht nachkommt, wird mit Haft bis zu drei Monaten oder Geldstrafe bis zu sechshundert Gulden bestraft.

Art. 475. Der Reeder, der die ihm in Artikel 451*e* Absatz 3 des Handelsgesetzbuches auferlegte Verpflichtung, und der Kapitän, der eine der ihm in den Absätzen 1 und 3 dieses Artikels auferlegten Verpflichtungen nicht nachkommt, werden mit Geldstrafe bis zu sechshundert Gulden bestraft.

Art. 476. Der Reeder und der Kapitän eines niederländischen Wasserfahrzeuges, auf dem an Bord Personen als Angehörige der Besatzung entgegen dem Verbot des Artikels 406 des Handelsgesetzbuches beschäftigt sind, werden mit Geldstrafe bis zu hundertundzwanzig Gulden für jede Person, die in dieser Weise beschäftigt ist, bestraft.

---

[1]) Gemäß Art. 407 Abs. 2 des Handelsgesetzbuches wird von dem Leiter der Schiffahrtsinspektion für ein Schiff, dessen Unterkünfte, Schiffsküche und andere Räume für die Verpflegung bestimmten Vorschriften entsprechen, eine Bescheinigung für die Unterkünfte erteilt.

Art. 477. Wer ein Konnossement unterzeichnet, dessen Ausgabe dem in Artikel 517 *c* des Handelsgesetzbuches Bestimmten widerspricht, sowie derjenige, für den er dies seiner Befugnis entsprechend tut, wird, wenn darauf die Ausgabe erfolgt, mit einer Geldstrafe bis zu zehntausend Gulden bestraft.

Art. 478. Wer einen Fahrschein unterzeichnet, dessen Ausgabe dem in Artikel 533 *b* des Handelsgesetzbuches Bestimmten widerspricht, sowie derjenige, für den er dies seiner Befugnis entsprechend tut, wird, wenn die Ausgabe folgt, mit einer Geldstrafe bis zu zehntausend Gulden bestraft.

Mit der gleichen Strafe wird bestraft, wer entgegen dem in Artikel 533 *b* des Handelsgesetzbuches Bestimmten einen nicht unterzeichneten Fahrschein ausgibt, sowie derjenige, für den er dies seiner Befugnis entsprechend tut.

Allgemeine Schlußbestimmung

Art. 479. Das Inkrafttreten dieses Gesetzbuches wird durch Gesetz näher geregelt[1]).

[1]) In Kraft getreten am 1. September 1886.

FSC
www.fsc.org
MIX
Papier | Fördert gute Waldnutzung
FSC® C083411

Kolibri 360 GmbH
Ferdinand-Jühlke-Straße 7
99095 Erfurt, Deutschland
produktsicherheit@kolibri360.de